北京考古遗址博物馆 编

考古金中都

纪念北京建都 870 周年

Archaeological Discovery of
the Middle Capital of Jin Dynasty
—— In Memory of the 870th
Anniversary of Beijing as a Capital

北京燕山出版社

《考古金中都——纪念北京建都870周年》编委会

主　编　　　杨志国

副主编　　　刘乃涛　罗永刚

编　委　　　杨志国　刘乃涛　罗永刚　李亮　周紫薇　陈晓敏

　　　　　　王群　徐超　陈海霖　韩姗姗

展览主办单位　北京市文物局

展览承办单位　北京考古遗址博物馆

　　　　　　　首都博物馆

　　　　　　　北京市考古研究院

　　　　　　　哈尔滨市阿城区金上京历史博物馆

　　　　　　　北京市丰台区文化和旅游局

　　　　　　　北京市房山区文化和旅游局

序

1153 年，金帝完颜亮贞元元年，金王朝将都城从上京（今黑龙江哈尔滨阿城）南迁至燕京（今北京），定名"中都"，开启了北京作为大国都城的新纪元。金中都宫阙壮丽，延亘阡陌，上切霄汉。这座曾经辉煌一时的都城，如今已被时间的泥沙所掩埋，宛如一颗闪耀的明珠渐渐消失在历史的长河中。

2023 年 6 月 10 日，为纪念北京建都 870 周年，由北京市文物局主办，北京考古遗址博物馆、首都博物馆、北京市考古研究院、哈尔滨市阿城区金上京历史博物馆、北京市丰台区文化和旅游局、北京市房山区文化和旅游局承办的"都城肇始——纪念北京建都 870 周年考古成果展"在北京考古遗址博物馆（金中都水关遗址）开幕。通过这次展览，我们得以与金中都进行近距离的接触，领略金中都独特的社会风貌和人文气息，更加深入地了解金中都的历史地位及其影响。

经过几代考古人的接续奋斗，金中都的神秘面纱被逐渐揭开。自 20 世纪 40 年代起，考古人就开始对金中都遗址进行考古调查、勘探和发掘；50 年代，基本确定了金中都外城的边界和分布范围；60 年代，进一步揭示了金中都外城垣的位置、内城的范围以及主要宫殿和街道遗迹；90 年代，通过多次的考古发掘，发现了金中都宫城主殿大安殿、宫苑鱼藻池、南城垣水关等遗址，使得金中都的城市结构和肌理更加清晰地呈现在世人面前。进入新世纪后，考古工作进一步深入。2002 年，发现了金陵主陵区遗址。2010 年，发现了金中都西营遗址。2014 年，发现了金中都街巷道路遗迹。2019 至 2020 年，揭示了金中都外城西城墙马面及护城河遗迹，明确了金中都外城的保存状况、形制结构以及外城防御体系。2021 年，发现了金中都开远坊、崇孝寺塔基等遗址。2022 年，发现了金中都东开阳坊建筑群遗址。这一系列重要的考古发现，为我们揭示了金中都的城市形制和丰富的历史文化内涵。

展览选取城垣、宫殿、坊巷、陵寝、墓葬等考古发掘与研究成果，选取金太祖完颜阿骨打及钦宪皇后纥石烈氏、金陵长沟峪后妃、乌古论窝论、乌古论元忠及妻世宗长女鲁国公主、石宗璧及妻纥石烈氏等历史人物，选取琼岛春阴、卢沟晓月、银山塔林等人文景观，通过历年考古发现与研究成果，全方位、多角度、深层次地解读和展示金中都的形制布局、文化内涵和社会百态。

展览运用朴实无华的语言将深奥的学术研究转化为通俗的展览，力求再现中都气象，挖掘中都在北京都城发展史上的里程碑意义，以及对后世北京城发展的深远影响。置身展览，如同身临神秘的考古现场，如同穿越深邃的历史时空，聆听中都人的声音，品味中都人的生活。一件件文物，一处处遗址，如今已成为珍贵的文明片段，成为开启金中都的钥匙。这些考古成果，使得原本鲜为人知，若明若暗的金中都历史样貌与城市生活逐渐明晰起来。

展览共分为营国建城、繁华中都以及中都环胜三大部分。"营国建城"通过城垣、宫殿、坊巷的考古发掘成果，复原了金中都的城市布局。中都城遵循中轴突出、两翼对称的原则，帝王所居之地为全城中心，体现了王者居中的思想，对后世都城布局产生了深远影响。"繁华中都"通过金中都出土的金银、玉石、陶瓷、青铜等文物，从舆服制度、饮食起居、丧葬礼俗、宗教信仰、文娱体育等方面展示了金中都帝后、贵族、官吏、百姓等社会各阶层的生活习俗，以及当时城市生活的繁荣景象。"中都环胜"通过太宁宫、卢沟桥、银山塔林等金代遗迹，再现了金中都的离宫别苑、园林胜地。太宁宫为中都城东北郊的一座离宫，世宗大定年间建成。卢沟桥为十一孔联拱石桥，章宗明昌年间建成。金代在银山创建大延圣寺，佛教达到鼎盛时期。

金中都的建立，不仅是金代发展史上的新阶段，更是北京城市发展史上的新纪元。自此，北京历经先秦时期的蓟城，汉唐时期的幽州，辽代的陪都这一城市发展的演变，直至金代以首都的身份登上了历史舞台。金中都规模壮丽，遵循中轴突出、两翼对称的原则规划布局，在古代都城形制布局演变进程中具有划时代的意义，直接影响了后世元、明、清三代的都城布局，形成了古都北京独特的城市形态和文化积淀，在北京建都史上有着重要的地位。

习近平总书记强调，考古工作是一项重要文化事业，也是一项具有重大社会政治意义的工作。考古工作是展示和构建中华民族历史、中华文明瑰宝的重要工作。在改造老城、开发新城过程中，要保护好城市历史文化遗存，延续城市文脉，使历史和当代相得益彰，擦亮历史文化金名片。"都城肇始——纪念北京建都 870 周年考古成果展"正是考古资源活化利用的生动实践。

金中都开启了北京作为都城的辉煌历程，见证了中华民族多元一体格局的形成。展览成果的整理出版，无疑是金中都的文物保护成果和展览效果持续流传与推广的有效途径。新时代下，我们要增强历史使命感和责任感，继续探索未知、揭示本源，更加精心保护好北京历史文化遗产这张中华文明的金名片，将金中都的考古工作融入城市发展，将文化遗产保护融入到现代城市的规划发展之中，让金中都考古与城市建设和谐共赢，让金中都的文物保护成果惠及更多民众。

是为序。

刘乃涛

二〇二三年六月十日于金中都水关遗址

目　录

考古实证
金中都形制布局

刘乃涛（北京考古遗址博物馆）

天德三年（1151 年），金帝完颜亮颁布《议迁都燕京诏》，曰："眷惟全燕，实为要会，将因宫庙而创官府之署，广阡陌以展西南之城。"[1] 天德五年，颁布《迁都燕京改元诏》，曰："顾此析津之分，实惟舆地之中，参稽师言，肇建都邑。"[2]

贞元元年（1153 年），金帝完颜亮到达燕京，"以迁都诏中外。改元贞元。改燕京为中都，府曰大兴。"[3] 由此开启了北京建都的历史。金帝完颜亮以"燕本列国之名，今为京师，不当以为称号，燕京可为中都"[4]，突出了燕京是整个国家政治中心的宏大气派。"改永安析津府为大兴府。上京、东京、西京依旧外，汴京为南京，中京为北京。"[5] "削上京之号，止称会宁府。"[6] 金国沿袭辽国旧制，建置五京，中都成为五京之首。

金代营建中都，使其成为王朝政治中心，以首都身份登上了历史舞台，不仅是金代发展史上的新阶段，更是北京城市发展史上的新纪元。金中都规模壮丽，遵循中轴突出、两翼对称的原则规划布局，在古代都城形制布局演变进程中具有划时代的意义，直接影响了后世元、明、清三代的都城布局，形成了古都北京独特城市形态和文化积淀，在北京建都史上有着重要的地位。

金中都由宫城、皇城和外城组成，为三重城垣设计，宫城是核心部分，居于城市中央，外为皇城、外城，整体城市布局设计合理，展现了城市规划的智慧。宫城的南北轴线为全城的中轴线，金中都的城市功能，基本上都是依此轴线分布的。《吕氏春秋·审分览·慎势》载："古之王者，择天下之中而立国，择国之中而立宫。"[7] 金中都的营建正是对这种营建都城与宫室规划传统的继承。

一、金中都外城形制

金中都建设初期，外城每面开三个城门，后期北城墙又增设一门。《金史·地理志·中都路》载："城门十三。"[8]《周礼·考工记·匠人》载："匠人营国，方九里，旁三门。"[9] 营建都城，九里见方，每面设三座城门，大城四面环抱居中央的宫城，可见金中都符合中国古代理

[1]　[宋] 李心传：《建炎以来系年要录》卷一百六十二《绍兴二十一年十二月》，中华书局，1956 年，第 2650 页。
[2]　[宋] 李心传：《建炎以来系年要录》卷一百六十四《绍兴二十三年三月》，中华书局，1956 年，第 2682—2683 页。
[3]　[元] 脱脱等：《金史》卷五《本纪·海陵》，中华书局，1975 年，第 100 页。
[4]　[宋] 李心传：《建炎以来系年要录》卷一百六十四《绍兴二十三年三月》，中华书局，1956 年，第 2682—2683 页。
[5]　[宋] 李心传：《建炎以来系年要录》卷一百六十四《绍兴二十三年三月》，中华书局，1956 年，第 2682—2683 页。
[6]　[元] 脱脱等：《金史》卷二十四《地理志·上京路》，中华书局，1975 年，第 572 页。
[7]　廖名春、陈兴安译注：《吕氏春秋全译》，巴蜀书社，2004 年，第 529 页。
[8]　[元] 脱脱等：《金史》卷二十四《地理志·中都路》，中华书局，1975 年，第 572 页。
[9]　[清] 孙诒让：《周礼正义》，中华书局，1987 年，第 3423—3428 页。

图 1　金中都大兴府城

想的城市规划。

　　金中都仿北宋都城东京汴梁形制，在辽南京城基础上由东、西、南三面向外扩展。金中都外城东城墙位于今宣武门外大街、菜市口大街、开阳路沿线以东，南城墙位于今丽泽路、南二环沿线以南，西城墙位于今西三环以东，北城墙位于今长安街以南。现地表仅见高楼村西城墙、万泉寺南城墙、凤凰嘴南城墙三处遗迹。《大金国志·燕京制度》载："都城四围凡七十五里。"[1] 金中都外城七十五里之说被证实误差极大。《金史》中未记载都城四围里数。元大都建成之后，金中都作为南城继续沿用，城垣在明代初年尚保存完好。洪武元年（1368年），"南城，周围凡五千三百二十八丈。"[2] 明初，金中都外城周长五千三百二十八丈，按照明代官尺营造尺一尺三十二厘米计算[3]，约一万七千零五十米。按照隋唐以后一步五尺，一里三百六十步的标准计算，外城周长约二十九里。

　　根据历史文献、实地测绘、考古调查等绘制的有关金中都的图纸多达几十种，以《中华人民共和国国家历史地图集》中的金中都大兴府城最具代表性[4]（图1）。

（一）外城墙的调查

　　北京市第一个主管文物的机构文物调查组于1951年成立。文物调查组成立后，进行了一系列文物调查、发掘、整理工作，其中包括金中都城址的调查。20世纪50年代的调查结果显示东城墙、南城墙、西城墙保留有许多遗迹，北城墙保留遗迹很少。

　　东城墙分布在陶然亭南北一线，保留有许多土堆遗迹。北京市文物调查组配合陶然亭浚湖工程调查，在陶然亭附近发现一处金代建筑遗址，遗址上有许多沟纹砖、脊兽、迦陵频伽、大定铜钱、贞祐三年款"万户所印"等[5]，同时发现许多守城武器礌石。陶然亭东，先农坛后发现了金代墓葬群，墓葬多在城外，东城墙应在陶然亭一带。四路通小区以北有百余米长的土堆，陶然亭以北黑窑厂小区一带有较高的台地。这些土堆是东城墙遗迹。

[1]　崔文印：《大金国志校证》卷三十三《燕京制度》，中华书局，1986年，第471页。

[2]　"中央研究院"历史语言研究所：《明太祖实录》卷三十四《洪武元年八月》，台北"中研院"史语所校勘影印国立北平图书馆红格钞本，1962年，第620—621页。

[3]　丘光明、邱隆、杨平：《中国科学技术史·度量衡卷》，科学出版社，2001年，第407页。

[4]　国家地图集编纂委员会：《中华人民共和国国家历史地图集（第一册）》，中国地图出版社、中国社会科学出版社，2012年，第131页。

[5]　周耿：《金中都考》，《光明日报》，1953年4月18日，史学第二号。

南城墙分布在凤凰嘴、万泉寺、菜户营一线。万泉寺前有残垣二三十丈[1]，为南城墙中的一段。菜户营东南侧的凉水河是金中都南城墙的护城河遗迹。右安门外大街以东，没有城墙痕迹可寻。

西城墙分布在湾子、马连道、高楼村、凤凰嘴一线，残存南北数里长的土城。当地村民在土城取土时，曾出土金代正隆、大定以及北宋大观等年间的钱币，以及守城武器礌石等遗物[2]。

北城墙分布在白云观北侧东西一线，保留的遗迹很少。北京市文物调查研究组配合永定河引水工程调查，在白云观一带发现了一处遗址[3]。当年在河道北岸发现一堆守城武器礌石，埋藏在距离地表一米深处，排列得非常整齐。发现礌石的地点应当接近北城墙，证实白云观北侧是金中都北城墙所在地。

北京大学历史系考古专业于1958年对金中都遗址进行了考古调查[4]。调查显示东城墙长约4510米，南城墙长约4750米，西城墙长约4530米，北城墙长约4900米，城周长为18690米。马连道仓库院内城墙残高约4.4米，蝎子门处城墙残高约6米。城墙夯土每层厚度为5—10厘米，夯土层内包含唐代白瓷片，宋代钧窑、定窑瓷片，沟纹砖等。

20世纪80年代，蝎子门处城墙的残余高度约3米。蝎子门外湾子村南有太平桥，桥南河道向南成直线，河道与西城墙平行。这条旧河道，推测是金中都西城墙的护城河[5]。

20世纪90年代北京市文物研究所对北京西站工程建设区域附近进行考古勘探，探明了金中都西城墙遗迹，发现西城墙地下残存基础七百余米，界定了西城墙的位置，填补了这一区域城墙只有文献考证，没有考古勘探的空白。

（二）外城墙的发掘

北京市文物研究所于2019年至2020年对金中都南城墙遗址、西城墙遗址开展了考古发掘工作[6]。

南城墙遗址发掘区位于丰台区太平桥街道万泉寺村。南城墙（图2）残存最大宽度14.6米，残高1.8米。城墙用夯土方法修筑而成，夯层分明，夯窝密集。发掘区域未发现城墙砖。在城墙夯土层中，出土少量辽金时期白瓷碎片。在南城墙内的灰坑中发现定窑瓷片、钧窑瓷片、磁州窑瓷片、汉白玉材质"象"字象棋子、围棋子、骰子、大定通宝铜钱等。

[1] 周耿：《金中都考》，《光明日报》，1953年4月18日，史学第二号。
[2] 周耿：《金中都考》，《光明日报》，1953年4月18日，史学第二号。
[3] 苏天钧：《北京西郊白云观遗址》，《考古》，1963年第3期。
[4] 阎文儒：《金中都》，《文物》，1959年第9期。
[5] 苏天钧主编：《北京考古集成15·北京考古四十年》，北京出版社，2000年，第383页。
[6] 丁利娜：《金中都考古首次发现外城城墙体系——为复原结构布局提供重要资料》，《中国文物报》2021年3月6日第8版。

图 2 南城墙遗址

图 3 水关遗址

在金中都南城墙墙基下，发现了一座唐代墓葬和一座辽代墓葬。辽代墓葬墓室内有壁画残迹，残存砖砌影作木构。唐辽时期的墓葬一般葬于唐幽州、辽南京城外。这两座唐辽墓葬的发现，说明金中都城是在辽南京城基础上向南扩建而成的。

西城墙遗址发掘区位于丰台区太平桥街道高楼村，城墙遗址保存较好。发现了城墙、马面（或称"墩台"）、护城河等遗迹。西城墙墙体基部宽度为 24 米，残高 1.8 米。城墙用夯土方法修筑而成，夯层分明，夯窝密集。发掘区域未发现城墙砖。墙外灰坑发现"官"字款青砖等遗物。发现一处凸出于城墙外侧的防御性设施"马面"遗迹。形制为圆角长方形，墙外发现一处宽约 66 米的护城河遗迹，距西城墙约 17 米。

（三）南城墙水关遗址发掘

水关遗址南临凉水河。1990 年，北京市文物研究所对其进行了考古发掘工作。金中都水关遗址是中都南城墙下的一处木石结构水工建筑遗址，遗址全长 43.4 米。城内水系经水关由北向南穿城墙而出，流入中都南护城河。现存遗址主要由过水涵洞地面石板、涵洞两厢石壁、进出水口两端与两厢石壁相连接的八字形摆手、涵洞石板下的衬石枋、柏木桩，以及城墙夯土等组成（图 3）。

水关基础坐落在沙层上，下层为密集的柏木桩，用碎砖、碎瓦、碎石、沙土等填充夯实，形成地基，柏木桩上铺衬石枋。衬石枋之上放置大石板，铺成流水面。用石块砌筑厢壁，构成水关主体。石板之间以铁质银锭榫连接，衬石枋之间以木质银锭榫连接。

水关东西两侧发现有夯土，由碎石块、石片层和夹沙黄土组成。在这层夯土之上，有一片规整的夯土层，由黄土和一层很细碎的石片构成，夯层均匀，层次分明，土质坚硬，每层

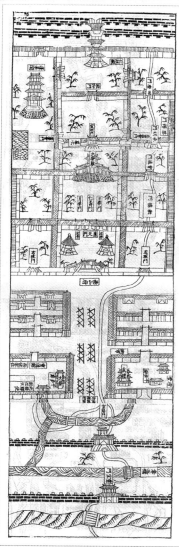

图 4 燕京图

厚 15—18 厘米，为金中都南城垣墙基夯土 [1]。

水关遗址的发现基本上明确了中都城内鱼藻池水系过龙津桥向南穿过丰宜门和景风门之间的南城墙流入护城河的确切水源路线。金代建筑依照宋朝，水关遗址的建筑基础结构与宋代《营造法式》所载"卷輂水窗" [2] 的规定相一致，是现存考古发掘出土的中国古代都城水关遗址中体量最大的，也是研究我国古代建筑和水利设施的重要实例。卷輂即拱券，卷輂水窗是用石块砌造跨河的拱券，作为水城门的承重结构。水关地基及防水冲击措施比较周密合理，反映了金代高超的工程技术水平。

二、金中都内城形制

金帝完颜亮天德三年（1151 年），"有司图上燕城宫室制度" [3]。"调诸路民夫筑燕京，制度如汴。" [4] "遣画工写京师宫室制度……按图以修之。" [5]《金史·世宗本纪》载："今仁政殿辽时所建。" [6] 可见，金中都是仿照北宋都城东京汴梁形制，在辽南京基础上扩建而成。南宋末年陈元靓在其《事林广记》中绘制了燕山府示意图，图中呈现了金中都外城、内城、宫城的大致建筑布局 [7]（图 4）。

金中都内城周围九里三十步 [8]。内城的正南门为宣阳门 [9]。宫城正南门为应天门。《金史》载："应天门十一楹。" [10] 金中都城遵循帝王所居之地为全城中心的原则，体现了王者居中的思想。宋人周麟之于金帝完颜亮正隆四年（1159 年）出使金国之后所撰《海陵集》载：金中都"宫阙壮丽，延亘阡陌，上切霄汉。" [11]

（一）内城考古调查

北京大学历史系考古专业于 1958 年对金中都内城遗址进行了考古调查。根据调查情况，

[1]　王有泉：《金中都水关遗址》，《中国考古学年鉴·1992》，文物出版社，1994 年，第 150—151 页。
[2]　[宋] 李诫《营造法式》卷三《石作制度·卷輂水窗》，商务印书馆，1954 年，第 66—68 页。
[3]　[元] 脱脱等：《金史》卷五《本纪·海陵》，中华书局，1975 年，第 97 页。
[4]　[元] 孛兰肹等撰，赵万里校辑：《元一统志》卷一《中书省统山东西河北之地·大都路·建置沿革》，中华书局，1966 年，第 2 页。
[5]　[宋] 徐梦莘：《三朝北盟会编》卷二百四十四《炎兴下帙一百四十四》，上海古籍出版社，1987 年，第 1751 页。
[6]　[元] 脱脱等：《金史》卷八《本纪·世宗》，中华书局，1975 年，第 202 页。
[7]　[宋] 陈元靓：《事林广记》乙集卷一《燕京图志》，中华书局，1999 年，第 305—306 页。
[8]　[宋] 徐梦莘：《三朝北盟会编》卷二百四十四《炎兴下帙一百四十四》，上海古籍出版社，1987 年，第 1751 页。
[9]　[宋] 徐梦莘：《三朝北盟会编》卷二百四十四《炎兴下帙一百四十四》，上海古籍出版社，1987 年，第 1751 页。
[10]　[元] 脱脱等：《金史》卷二十四《地理志·中都路》，中华书局，1975 年，第 572 页。
[11]　[清] 于敏中：《日下旧闻考》卷二十九《宫室》，引《海陵集》，北京古籍出版社，1983 年，第 421 页。

图 5 宫殿区夯土

沿西二环路南段西侧的广安门南北滨河路一线，自鸭子桥往北至白菜湾一带，土堆连绵，有连续不断的高台遗址，长度约 1500 米。出土了筒瓦、瓦当等遗物，此处区域应是金中都内城的宫殿遗址[1]。在广安门南滨河路以西，鸭子桥路以北，有范围最大的一处遗址。推断为大安殿遗址。椿树馆一带，基址最高处近 4.6 米，采集到绿釉瓦、唐辽时期瓷片等。这处遗址推测是仁政殿遗址[2]。

中国科学院考古研究所于 1966 年对金中都宫殿等遗迹进行了调查[3]。大安殿遗址经钻探得知面阔为 11 间[4]。

（二）宫殿区遗址发掘

北京市文物研究所于 1990 年配合北京西厢道路工程建设时，对金中都宫殿区遗址进行了考古勘探和发掘[5]（图 5）。

中都宫城南门应天门夯土基址南北长约 36.2 米，东西长度不明。基址底部沙土层中发现有木桩，避免建筑基础不均匀沉降。基址底部为灰土与碎沟纹砖夯筑而成。

大安殿南面大安门夯土基址东西残长 36 米，南北长度不明。发掘区出土铜坐龙一件。基址底部为灰土与碎沟纹砖夯筑而成。

宫城正殿大安殿夯土基址南北长约 70 米，东西残长约 60 米。建筑基址为灰土与碎砖交替逐层夯筑而成，基址夯土层最大残存厚度 3.65 米，夯窝直径约 5 厘米。夯土中含碎砖、碎瓦、白灰粒、炭渣等。基址建于沙土层之上。

金中都宫殿区位于永定河古河道之上，地下 10—20 米由鹅卵石和沙子构成。为了避免地基沉降，工匠们首先在沙土上密密麻麻地砸入柏木桩。柏木桩钉好后，再在上面铺砖，然后在砖上夯土。这个过程一层层进行，一层夯土一层碎砖，夯层有 2—3 米厚[6]。宫殿区基址底部为灰土与碎沟纹砖交替逐层夯筑而成。基址中部、上部为灰土逐层夯筑而成。

宫殿区建筑基址符合宋代营造法式做法，将台基以下一定范围内的松软土层挖去，用灰

[1]　阎文儒：《金中都》，《文物》，1959 年第 9 期。

[2]　阎文儒：《金中都》，《文物》，1959 年第 9 期。

[3]　中国大百科全书考古学编辑委员会：《中国大百科全书·考古学》，中国大百科全书出版社，1986 年，第 238 页。

[4]　中国大百科全书考古学编辑委员会：《中国大百科全书·考古学》，中国大百科全书出版社，1986 年，第 238 页。

[5]　赵福生：《金中都宫殿遗址》，《中国考古学年鉴·1991》，文物出版社，1992 年，第 127 页。

[6]　黄加佳：《寻迹金中都》，《北京日报》2020 年 12 月 29 日第 13 版，《深读周刊·纪事》。

土、碎砖瓦等材料分层夯实后成为基础，基址深度根据土质松紧虚实情况确定[1]。基址采用灰土与碎砖、碎瓦、碎石等间隔铺筑。把土头打平之后，根据情况用杵再进行压踏，使其平整，然后再用杵把夯过的土层完全地打一遍，直到其光滑平整为止。

金中都内城的考古调查、发掘工作，基本确认了金中都宫城南门应天门、大安门、宫城主殿大安殿等金中都宫城建筑的具体位置，证实了金中都是在辽王朝宫殿的基础上扩建的。

三、金中都苑囿水系

金中都城所处区域水源丰沛，为中都的护城河、苑囿、生活、漕运、灌溉等用水提供了便利条件。莲花池水系、金口河水系、高粱河水系为中都的主要水源。莲花池水系为中都城内主要水源，供应鱼藻池等苑囿用水，由南城垣流出城外。世宗大定十二年（1172 年）开凿金口河，引卢沟水至中都北护城河，东流至潞河，解决漕运水源。《金史·河渠志》载："为闸以节高良河、白莲潭诸水，以通山东、河北之粟。"[2] 白莲潭即今什刹海、北海一带。

（一）西湖遗址

中都城外西北部有大湖，古称西湖。西湖即现在的莲花池，洗马沟为现在的莲花河。关于莲花池最早的记载是北魏郦道元所著的《水经注》，其中记载："㶟水又东，与洗马沟水合，水上承蓟水，西注大湖，湖有二源，水俱出县西北，平地导源，流结西湖……湖水东流为洗马沟。"[3]

金中都西湖遗址位于丰台区太平桥街道莲花池，是中都城的重要水源。1992 年至 1993 年为配合北京西客站工程建设，北京市文物研究所对其所在莲花池及附近区域进行了考古勘探工作，发现了一批有价值的金代遗迹[4]。确定了金代西湖的东、南、北三岸界地，部分确定了西岸界地，发现湖心岛一座，基本明确了金代西湖的范围。确定了湖水进入金中都城内的水源路线，为金中都城供水系统研究提供了考古资料。

[1]　[宋] 李诫：《营造法式》卷三《壕寨制度·筑基》，商务印书馆，1954 年，第 54 页。
[2]　[元] 脱脱等：《金史》卷二十七《河渠志·漕渠》，中华书局，1975 年，第 682 页。
[3]　[北魏] 郦道元著，[清] 王先谦校：《合校水经注》卷十三《㶟水》，中华书局，2009 年，第 216—217 页。
[4]　齐心：《近年来金中都考古的重大发现与研究》，《中国古都研究（十二）》，山西人民出版社，1998 年，第 149—163 页。

图 6 鱼藻池遗址

（二）鱼藻池遗址

金中都宫苑鱼藻池遗址位于今西城区广安门外街道青年湖，宫城内西南隅，以东约 200 米处即为宫城正殿大安殿。《金史》载："侍宴鱼藻殿"[1]，"天德三年，广燕京城，营建宫室"[2]，"赐宴于鱼藻池"[3]。金帝迁都燕京后，在辽代宫苑、湖沼的基础上，兴建鱼藻池、瑶池殿，《金史》载："鱼藻池、瑶池殿位，贞元元年建。"[4] 后经世宗、章宗扩大、增修，成为金中都一处重要的苑囿。

北京市文物研究所于 1990 年对鱼藻池进行了考古勘探，在湖心岛上发现了密密麻麻的梅花桩和夯土，推断是宫殿遗址区[5]。1995 年再次进行考古勘探[6]，确定了早、晚两期湖泊的范围和岛屿的变动位置。2012 年进行了考古发掘，发现湖岸、岛岸十余处遗迹，发现岛上三合土建筑基础一处（图 6）。出土少量灰砖、瓷片等遗物。

发掘显示鱼藻池水域整体呈马蹄形，北岸为金代自然堤岸，西南岸与半岛南岸相连为一体。水域环绕着西部的半岛，半岛西部与陆地相连，其余三面环水。半岛北岸为金代自然岛岸，大体呈东西走向，南高北低呈斜坡状，西段向南收缩与陆地相连。发掘表明鱼藻池为半岛结构，厘清了以往对湖心岛的认识。

鱼藻池是北京历史上最早的皇家园林，在辽南京御苑园池的基础上，经金代扩大、增修而成，是金中都城规划、设计的原点之一，也是研究古代皇家造园艺术的重要实例，金中都鱼藻池遗址的发掘，为金中都复原研究提供了一个可靠的地理坐标。

四、金中都城市道路

金中都道路系统大致可分为三级。第一级道路为通往城门的城市主干道，称为街，路面宽广，一般以城门命名，如丰宜门街、丽泽门街、施仁门街、彰义门街等；第二级道路为仅次于城市主干道的街道，也称为街，一般根据里坊所在位置、古迹、建筑等命名，如《析津志》载："崔府君庙在南城南春台坊街东，火巷街南"[7]；"胜严寺在城南春台坊西街北"[8]；"法

[1] [元] 脱脱等：《金史》卷十一《本纪·章宗》，中华书局，1975 年，第 260 页。

[2] [元] 脱脱等：《金史》卷八十三《列传·张浩》，中华书局，1975 年，第 1863 页。

[3] [元] 脱脱等：《金史》卷八十三《列传·张浩》，中华书局，1975 年，第 1864 页。

[4] [元] 脱脱等：《金史》卷二十四《地理志·中都路》，中华书局，1975 年，第 573 页。

[5] 黄加佳：《寻迹金中都》，《北京日报》2020 年 12 月 29 日第 13 版，《深读周刊·纪事》。

[6] 王策：《金中都太液池遗址》，《中国考古学年鉴·1996》，文物出版社，1998 年，第 94—95 页。

[7] [元] 熊梦祥著，北京图书馆善本组辑：《析津志辑佚·祠庙》，北京古籍出版社，1983 年，第 57 页。

[8] [元] 熊梦祥著，北京图书馆善本组辑：《析津志辑佚·寺观》，北京古籍出版社，1983 年，第 72 页。

光寺在竹林寺东街北"[1]；"冰井寺在南城白马神堂街西"[2]；"宝喜寺在披云楼东街西"[3]；"崇玄观在南城施仁门北，水门街北"[4]。第三级道路为街巷道路，一般称为巷，分大巷、小巷，大多根据里坊、城门方位命名，如《析津志》载："南春台坊西大巷"[5]，"阳春门内小巷"[6]，"披云楼对巷"[7]。《元一统志》中所记："延庆禅院在旧城宣阳门西巷。"[8]

（一）城市主干道路

金中都外城除东北角的光泰门外，外城每边开三个城门，对称布置，每两座相对的城门之间设有街道，为主干道路。因皇城居中，同时又建有皇家苑囿，道路受阻，中都城内城门间主干道路并非全部贯通。中国科学院考古研究所于 1966 年对金中都街道遗迹进行了勘探[9]。通玄门内大街是在辽南京通天门内大街的基础上修建的，南达皇城北门拱辰门，推断道路宽约三十余米[10]。

（二）城内十字街道路

北京市文物研究所 2020 年在丽泽商务区地铁站建设范围内进行考古发掘，发现了金中都外城西南隅十字街道路遗迹[11]。南北向道路宽约 20 米，东西向道路宽约 18.6 米。推断此处是金中都城内一条主要交通干道。

（三）街巷道路

北京市文物研究所在 2014 年进行了万泉寺住宅工程考古发掘。发掘的遗迹主要包括道路和房屋。这些遗迹位于金中都城的西南部，推测靠近美俗坊。发掘工作为探索金中都里坊的居住形态、道路结构提供了考古实物资料。万泉寺道路宽约 3.6—5.1 米（图 7），应为街

[1] ［元］熊梦祥著，北京图书馆善本组辑：《析津志辑佚·寺观》，北京古籍出版社，1983 年，第 76 页。
[2] ［元］熊梦祥著，北京图书馆善本组辑：《析津志辑佚·寺观》，北京古籍出版社，1983 年，第 77 页。
[3] ［元］熊梦祥著，北京图书馆善本组辑：《析津志辑佚·寺观》，北京古籍出版社，1983 年，第 77 页。
[4] ［元］熊梦祥著，北京图书馆善本组辑：《析津志辑佚·寺观》，北京古籍出版社，1983 年，第 90 页。
[5] ［元］熊梦祥著，北京图书馆善本组辑：《析津志辑佚·祠庙》，北京古籍出版社，1983 年，第 50 页。
[6] ［元］熊梦祥著，北京图书馆善本组辑：《析津志辑佚·寺观》，北京古籍出版社，1983 年，第 92 页。
[7] ［元］熊梦祥著，北京图书馆善本组辑：《析津志辑佚·寺观》，北京古籍出版社，1983 年，第 70 页。
[8] ［元］孛兰肸等撰，赵万里校辑：《元一统志》卷一《中书省统山东西河北之地·大都路·古迹》，中华书局，1966 年，第 39 页。
[9] 中国大百科全书考古学编辑委员会：《中国大百科全书·考古学》，中国大百科全书出版社，1986 年，第 238 页。
[10] 于杰、于光度：《金中都》，北京出版社，1989 年，第 28 页。
[11] 丁利娜：《金中都考古首次发现外城城墙体系——为复原结构布局提供重要资料》，《中国文物报》2021 年 3 月 6 日第 8 版。

图 7 万泉寺道路遗址

巷一级的道路，也是金中都的第三等级道路，道路从金代一直沿用至元代。路土呈浅灰色，由于常年踩踏，土质较硬。路面上发现有遗失的铜钱、骨簪等，路土内夹杂灰陶片、红陶片、白釉瓷片、青砖瓦块、炭渣、石子、白灰颗粒等。路面为层状分布，厚度约 0.12 米。

五、金中都的坊巷

金中都有六十二坊。《元一统志》载："右院领旧城之西南、西北二隅，四十二坊。左院领旧城之东南、东北二隅，二十坊。"[1] 元大都建成之后，金中都旧城并没有完全被废止，而是变成了元大都的南城，仍发挥着一定的作用。大都警巡院左右二院管理着南城的治安。

宋元时代与隋唐时代都城规划的最大变化是封闭式里坊制被开放式街巷制所代替，这在中国古代都城发展史上是一次巨大的变革[2]。隋唐时代都城实行里坊制，居民区的坊均为封闭式，四周有围墙，四方各开一坊门，并由专人管理，清晨开门，黄昏关闭。

金中都城的建设，正处在隋唐时代封闭式里坊制向宋元时代开放式街巷制过渡的时期。中都城中新设的坊已与辽南京城时的坊不同，已不是封闭的里坊。即使是辽南京城原有旧坊，也有许多被改建，如卢龙坊改建为南、北卢龙坊，永平坊改建为东、西永平坊。封闭式里坊制和开放式街巷制同时出现在金中都城内，形成了金中都城在城市发展史上的特色，也是这一时期中国城市发展的一个重要特征。

1966 年，中国科学院考古研究所进行了关于金中都街道遗迹的考古调查[3]。原辽南京城部分保持唐代里坊形态。金中都新扩建部分，在主干道的两旁，形成了并排的街巷。两种形态的街道在同一城市中共存，是金中都规划的特色所在。

2019 年至 2022 年，北京市考古研究院在金中都北开远坊、富义坊、东开阳坊等遗址区域开展了考古发掘工作。

北开远坊遗址位于西城区广安门内街道，发掘区附近有金代紫金寺旧址。"紫金寺，在旧城北开远坊。元朝中统二年兴修。"[4] "紫金寺，在彰义门内，庆寿寺支院。"[5] "紫金寺在宣

[1] [元] 孛兰盻等撰，赵万里校辑：《元一统志》卷一《中书省统山东西河北之地·大都路·建置沿革》，中华书局，1966 年，第 3 页。
[2] 中国大百科全书考古学编辑委员会：《中国大百科全书·考古学》，中国大百科全书出版社，1986 年，第 488 页。
[3] 中国大百科全书考古学编辑委员会：《中国大百科全书·考古学》，中国大百科全书出版社，1986 年，第 238 页。
[4] [元] 孛兰盻等撰，赵万里校辑：《元一统志》卷一《中书省统山东西河北之地·大都路·古迹》，中华书局，1966 年，第 33 页。
[5] [元] 熊梦祥著，北京图书馆善本组辑：《析津志辑佚·寺观》，北京古籍出版社，1983 年，第 73 页。

图 8 东开阳坊建筑遗址

武门外迤西，寺门西向，有嘉靖三十二年尚宝卿河间李圻碑记，谓寺始建于宋云。"[1] 遗址发掘区距离金中都北城墙不远，位于中都崇智门内，结合史料推断为开远坊的一部分。发掘清理灶址、灰坑、水井等遗迹两百余处。

富义坊遗址位于西城区白纸坊街道，"寿圣寺在旧城富义坊"[2]。"圣寿寺（寿圣寺）在崇效寺（崇孝寺）后，相传唐刹，无碑碣可考。"[3] 崇孝寺即今崇效寺。发掘区位于中都宫城东墙外，崇孝寺南，结合史料推断为富义坊的一部分。发掘清理道路、灰坑、灶址等遗迹数十处，出土陶瓷、建筑构件等遗物。金代灰坑中出土了一件灰陶质龙纹瓦当。

东开阳坊遗址位于西城区白纸坊街道，发现了一组建筑基址，由南北两座殿址和东西廊房组成。南端殿址规模较大，为带月台的近方形建筑，坐北朝南。主体建筑东西长 22 米，南北宽 20 米（图 8）。《元一统志》载："燕城之南，广斥三里，寺遂入开阳东坊。大定中，赐额曰大觉。"[4] 元代耶律楚材诗文集《湛然居士集》载："朝廷嘉之，赐额大觉。"[5] 这组大型建筑基址结构完整，布局清晰，主体建筑呈轴线分布。结合史料记载，推断这组建筑基址是金代大觉寺遗址，地处中都皇城东侧，外城东开阳坊内。发现了道路、水井、灶址、灰坑等

[1] [清] 于敏中：《日下旧闻考》卷五十九《城市》，引《人海记》，北京古籍出版社，1983 年，第 963 页。

[2] [明] 解缙等主编，徐苹芳整理：《永乐大典本顺天府志（残本）》，北京联合出版公司，2017 年，第 32—33 页。

[3] [清] 吴长元辑：《宸垣识略》卷十《外城》，北京古籍出版社，1982 年，第 198 页。

[4] [元] 孛兰肹等撰，赵万里校辑：《元一统志》卷一《中书省统山东西河北之地·大都路·古迹》，中华书局，1966 年，第 26 页。

[5] [元] 耶律楚材：《湛然居士文集》卷八《燕京大觉禅寺创建经藏记》，清光绪十六年（1890 年）桐庐袁昶刻渐西村舍丛刻本，第 314 页。

遗迹。出土了玉册、黄琉璃筒瓦、龙纹瓦当、凤纹瓦当、仿铜瓷礼器、高丽青瓷等大量高规格遗物，表明这组建筑群与皇家寺院相关。

六、结语

金中都遗址是北京重要的历史文化遗产，是北京正式建都的考古实证，承载着丰富的文化内涵。金中都考古工作涉及城垣、宫殿、皇陵、苑囿、坊巷等方面，本文仅是对既往考古工作的一个简要梳理。多年的考古调查、发掘和研究工作，深化了我们对金中都形制布局和历史文化内涵的认知，逐渐呈现出金中都真实的面貌。

金中都通过吸收和借鉴北宋东京城的规划布局经验，并结合燕京地区实际情况，逐步对辽南京城进行改建和增筑，从而建立起一套完备的新型城市形制布局系统。金中都在总体布局与建筑形态上的革新，对元明清的都城形制布局产生了深远影响，具有里程碑式的意义。

经过北京市文物调查组（1951—1954）、北京市文物调查研究组（1954—1960）、北京市文物工作队（1960—1968）、北京市文物管理处考古队（1968—1979）、北京市文物工作队（1979—1984）、北京市文物研究所（1984—2021）、北京市文化遗产研究院（2021—2022）、北京市考古研究院（北京市文化遗产研究院）（2022至今），以及北京大学历史系考古专业（1958）、中国科学院考古研究所（1965—1966）等单位几代考古人的筚路蓝缕、不懈努力，考古成果正不断向人们揭示着金中都的形制布局、文化内涵和社会百态，让后人可以领略八百多年前的中都繁华。

金中都考古是一项需要长期坚持的工作，通过长期、持续、有计划的考古发掘与研究工作，才能更加清晰地了解金中都。注重人地关系、城市布局、城市文化的研究，加强城墙、城壕、道路、居址、建筑基址、生活设施、墓葬等碎片化遗迹研究，从点到线、从线到面、从要素到系统，逐渐形成对金中都城市全貌的认识。加强多学科研究，注意现代科学技术的应用，大力开展多学科合作研究，为金中都考古发掘和研究提供新的视角。随着考古成果的不断积累，金中都的面貌会越来越清晰。

金中都考古工作的最终落脚点是文化遗产的保护与传承。现代城市是古代城市的延续，考古发掘成果是遗址保护展示利用的基础。金中都的调查、勘探、发掘不仅要考虑到学术问题的探讨，而且要考虑到城市遗产的保护、展示、传承。通过考古发掘科学地揭示遗址的历史、艺术、科学价值，将金中都的考古成果充分阐释并呈现给社会和公众，让社会和公众理解金中都考古的价值与意义。

金中都
营建背景探析

杜若铭（北京考古遗址博物馆）

　　金中都的历史文化内涵丰富且有深度，因为辽、金时期是我国古代北方少数民族和汉族在政治、经济、文化等多方面交流和融合的新时期，奠定了之后的元、明、清中华民族形成的基础。金中都相较于辽南京城，它的建立使这座城市在政治、经济、文化等方面的地位空前提高，并得以辐射整个北方地区，是连通北方与中原地区的重要纽带。现在的北京城中所能看到的金中都的历史遗址已不太多了，目前人们还能看到的有北京考古遗址博物馆的金中都水关遗址，北海公园的太湖石以及太湖石后的白塔山，与历史事件紧密相关的永定河卢沟桥，以及一直沿用钓鱼台这个名称的坐落在北京市海淀区玉渊潭东侧的钓鱼台国宾馆等。金中都的营建并不是一个偶然事件，它的建立一方面与这个城市的位置和发展密切相关，另一方面是建立它的女真族长期发展的结果，具有一定的历史必然性。

一、优越的自然地理条件

　　北京地区具有优越的自然条件和重要的地理位置，自先秦开始这里就是农耕经济和游牧经济的交接地带，处于不同经济形态、不同文化的过渡区域。这决定了在此建立的城市的经济形态和文化表现是多样的、丰富的，因此充满了融合与矛盾。北京地区拥有多种政治、文化、经济因素交汇的长期沉淀积累，逐渐具有包容大气的国家都城气质。

（一）地势条件

　　北京地区自建城之日起在中国的历史上一直处于重要的地位，尤其是唐幽州城建立后，成为我国古代北方地区的兵家必争之地，这与它优越的地理位置和自然条件分不开。北京地区西、北、东北三面是太行山和燕山山脉，在南口关沟燕山与太行山相遇，形成三面群山环绕的辽阔的平地，向东南展开的半圆形大山弯向着大平原，状如海湾，人称"北京湾"。其北靠辽东半岛，西邻渤海湾，南至山东半岛，处于华北平原北部。"北京湾"是山脉向南和东南面倾斜，进而由砾石、沙子、黏土和黄土堆积而成，离山体较近的是粗砂砾区，平原则由黏土、黄土覆盖。

　　除此之外，梁思成在《北京——都市计划的无比杰作》中提到了北京地区的海拔，北京地区海拔约为五十米。地质学相关研究资料显示，当时北京地区东南方向地势更低的地区在四五千年前是低洼的湖沼地带。结合北京地区的地理位置，历史学家推测北京地区具有的优厚条件能够发展出早期农业聚落并且成为中原文明向北方发展的重要区域。

（二）水系条件

北京的主要城区位于浑河和白河之间，侯仁之先生甚至认为"美索不达米亚"这个经典的地理名词可以用来形容这片土地，可见这两条河流给北京地区带来了物质方面的可靠保障。

北京地区自古水系发达，吴文涛的《从〈水经注〉看古代北京地区水系原貌》一文指出：涉及今北京地区地理情况的记载主要集中于《水经注》卷一二至一四，包含在《圣水》《巨马水》《㶟水》《㶟余水》《沽河》《鲍丘水》等篇章中，㶟水是今天的永定河，鲍丘水、沽河、巨马水、圣水、湿余水（㶟余水）分别是今天的潮河、白河、拒马河、大石河、温榆河，据此可了解到北京地区河流水系在北魏以前的基本状况[1]。北京地区的水系为城市的建设提供了良好的漕运和用水条件。

（三）交通条件

北京因其所处位置特殊，中原民族与北方的游牧民族在此不断接触，这里有三条主要道路通到北面的山峦高原和东北的辽东平原，北京是这三条分岔路的出发点，通向外界的三个口子分别是山海关、古北口和南口。

历史的发展确实也是这样的，司马迁在《史记·货殖列传》中就明确了北京地区连接北方地区和中原地区的重要交通位置，蓟乃燕国故都，即渤海和碣石山之间的一个城市，从辽东到上谷一脉，地方偏远，人丁稀少，南连赵、齐，胡人与其东北区域交界，东面连通秽貊、真番、朝鲜，北面邻近夫余、乌桓。该地区常常遭到骚扰，百姓生活与赵地、代地类似，当地盛产栗、鱼、枣、盐。

二、女真族的崛起与金中都的建立

北京地区从西周建城开始发展，成为都城具有历史的必然性，金中都是由女真族建立的，这也有必然性。

（一）古老的民族

女真族是我国东北地区最古老的民族之一，兴起于白山黑水之间。《金史》有详细记载：靺鞨氏是金的祖先。勿吉是上古肃慎地名，也是靺鞨本号。勿吉在元魏时期有七个部，

[1]　吴文涛：《从〈水经注〉看古代北京地区水系原貌》，《北京历史文化研究》，人民出版社，2012年，第144页。

勿吉改为靺鞨是隋朝时发生的，七部的名称保留。唐代初年，只有粟末靺鞨、黑水靺鞨，余下五部已不再出现。粟末靺鞨一开始依附于高丽。之后在渤海称王，传十多代。黑水靺鞨仍居肃慎地方，南临高丽，东面连海，同样依附高丽。唐开元年间，黑水靺鞨向唐朝纳贡，唐朝在此设置了黑水府，赐黑水都督姓李氏，取名献诚，任命他黑水经略使之职。设置长史监督，任命黑水部长为刺史、都督。五代时，契丹攻陷了渤海，契丹接受了黑水靺鞨的归附。熟女真是生活在契丹南部的黑水靺鞨人，且入了契丹籍；而在北部生活的黑水靺鞨人没有入契丹籍，号称生女真。生女真所在地有长白山、混同江，混同江又称黑龙江，即"白山、黑水"。

（二）女真族的崛起与金中都

《金史》以寥寥数笔大略地记录了女真族到五代时期的活动区域名称、部落分支的变化，以及与高丽、唐、契丹族的关系，可见女真族发展的大概脉络。女真与相邻的民族和国家联系密切，尤其是渤海地区，军政制度皆从唐制，使用汉字，文化发达，被誉为"海东盛国"。

女真族在被称为肃慎时就与中原王朝建立了联系，《国语·鲁语》中记载了一则孔子识箭的故事，周武王统一后，"肃慎氏贡楛矢、石砮"[1]。周人在西周时阐述周朝疆域时说，周武王伐商的时候……肃慎、燕、亳，是他们国家北部疆土（《左传·昭公九年》）。战国至隋唐，靺鞨在政治、经济、文化等方面与中原王朝一直保持着联系，尤其是靺鞨人大祚荣建立的渤海国，大祚荣被唐封为"渤海郡王"，该地区一直受中原文化影响极深。海陵王完颜亮的母亲是渤海皇族大姓昊天之女，刘浦江老师在女真皇室和渤海世家联姻的研究中有所考证。

女真族完颜部首领完颜阿骨打于北宋政和五年（1115 年）统一女真各部并反抗辽的统治，建立大金政权，至海陵王完颜亮迁都，一直起着首都作用的是金上京会宁府（现黑龙江阿城）。女真族经过长期的发展，具有强烈的政治诉求、经济需求、文化发展的野心以及相应的军事实力，北京地区各方面的条件恰好符合女真族统治者对于都城的要求。

三、统治者的政治需求

营建金中都的海陵王完颜亮是金朝的第四位皇帝，其父宗干是完颜阿骨打的庶长子，当时金朝统治阶级内部矛盾重重，完颜亮通过政治斗争弑君即位。皇统九年（1149 年）十二月九日，阿里出虎、忽土在内廷值班。大兴国在当天夜里拿符钥开门接应海陵王、唐括辩、秉

[1]　[春秋]左丘明撰，张永祥译注：《国语译注》，北京联合出版公司，2015 年，第 112 页。

德、徒单贞、乌带、李老僧等都到了皇上寝殿。……这才尊奉海陵王上坐，都来参拜，皆称"万岁"。总的来说，金朝统治阶级分为保守派和改革派，完颜亮是力主改革的，保守派的势力范围主要在金上京地区，迁都是完颜亮巩固政权的重要措施。之所以迁都燕京，除了政治需求，还有地理位置的考量。上京会宁府处于金朝东北地区，位置偏居一隅。金朝在建立之初为了抗击辽的统治，与北宋订立了"海上之盟"，此时以金上京为都城位置是适合的，然而辽灭亡后，金不断攻伐宋，领土不断南扩，金上京的位置已不能满足统治需求，其实在金熙宗时，工作地点已经迁至燕京，只要是省选拔官员，自熙宗皇统八年（1148年）开始，因金上京偏远，命令到燕京拟注，以后每年都是如此。

四、北京地区的文化引力

北京地区位于汉民族和游牧民族的融合地带，来自汉民族的中原文化相对于游牧文化是先进的，更吸引金朝统治者，并且海陵王完颜亮具有消除民族对立进行文化融合的思想，"国家立法，贵贱一也，岂以亲贵而有异也"[1]。在女真族与汉族长期进行文化融合的过程中，成效较为显著的是在宗庙礼仪方面，早期女真族不重视祭祀祖先，建立金朝后才开始有宗庙礼仪。

（一）中原文化的辐射

除了政治统治的需求之外，海陵王迁都也有思想文化发展的需求，女真族对中原文化一直保持着比较开放的态度，甚至有的学者认为金朝相较于契丹族建立的辽，是一个更为典型的北方古代少数民族汉化王朝，女真人的尚武精神渐少，民族传统受到了中原文明的改造，导致该民族最终走向衰落[2]。

完颜亮自幼就接触并学习中原文化，《大金国志·海陵纪》有所记载，海陵王喜欢读书，学棋象游戏、点茶，喜欢与儒生谈论，成人后，风度端严，神情闲逸，以宽和外示于人，城府极深，人们看不出他的真实想法。并且海陵王之父以及他的兄弟皆从学于名儒张用直门下。

（二）文化中心的吸引

[1]　[元] 脱脱等：《金史》，中华书局，1975年，第1598页。

[2]　刘浦江：《女真的汉化道路与大金帝国的覆亡》，《国学研究》，2000年第7卷，第171—208页。

金中都的前身辽南京城，在辽朝是五京之一，是重要的文化中心，也是游牧文化和农耕文化相融之地，《契丹国志》有载：辽南京是原来的幽州，自从晋放弃……建为南京，又称燕京析津府，人口三十万。境内山河壮丽，城北有集市，货物丰富，聚集于此；僧人所在的寺庙，数量在北方也是属第一。锦绣丝绸，最为精致。……水甘土厚，有很多手工艺人，优秀的人在学校学习，其次的学习骑马射箭。后晋没有割让之前，其中民族之间多有争斗，胜负皆有；城市（防御工事）建成后，远远望去连绵几十里，迂回缭绕，外形雄伟，是大家都想要争夺的地方。海陵王完颜亮迁都之前，金朝已经有很长时间有意识地吸收中原文化，进行大规模的民族融合，这种民族融合不同于金上京履行首都职能时期，由于金上京"东濒海，南邻高丽，西接渤海、铁离，北近室韦"[1]的地理位置，当时金朝与东北古代少数民族联系较为紧密。

（三）正统思想的影响

还有一个影响到海陵王迁都的重要思想是"居天子之正""合天下于一"，即《春秋公羊传》的大一统观念。女真族与汉族的文化融合发展过程，也是金朝"正统"思想的发展过程。到了海陵王时期，统治者"居天子之正""合天下于一"的思想更加强烈，海陵王甚至认为金朝统治者就是汉文化中的正统，而非"夷狄"，他还曾与其臣张仲轲讨论《汉书》。张仲轲认为，本朝国土虽大，但天下有四个国家，南有宋，东有高丽，西有夏，能够统一天下的，才可称得上疆域广大。海陵王则认为，他发兵不超过两三年便可灭掉宋国，然后收复高丽、夏，统一后，论功升迁官阶，分赏将士。此外，海陵王还多次表达过统一、正统的思想，"自古帝王混一天下，然后可为正统"[2]，"天下一家，然后可以为正统"[3]。海陵王迁都于燕京正是合乎"正统"的思想，他认为金上京地处偏僻，运输艰难而百姓不方便，只有燕京才是天地的中央。大一统的观念推动了海陵王迁都，这个影响是方方面面且深刻的，上文并不能完全详尽地讨论，只拣选几个重要方面概述。

五、迁都的经济驱动

[1]　［宋］徐梦莘：《三朝北盟会编》，上海古籍出版社，1987年，第16页。
[2]　［元］脱脱等：《金史》，中华书局，1975年，第1883页。
[3]　［元］脱脱等：《金史》，中华书局，1975年，第2783页。

经济的因素也不可忽视，就自然物产方面，金中都比金上京要优越许多。女真族起源于"白山黑水"之间，自然生态资源多样，呈现出渔猎、畜牧、农耕交错的经济形态，农业具有相对较为稳定的特征，因此至金朝建立前后，农业逐渐成为主要的经济支撑。金上京地区"地饶山林，田宜麻谷，土产人参、蜜蜡、北珠、生金、细布、松实、白附子"，"土产无桑蚕，惟多织布，贵贱以布之粗细为别"。虽物产丰富，但可提供农业发展的土地相较于金中都地区少，而且交通不方便，不利于经济发展。金中都地区"东自碣石，西彻五台，幽州之地，沃野千里。北限大山，重峦中有五关。……山之南，地则五谷百果、良材美木，无所不有。出关未数十里，则山童水浊，皆瘠卤。弥望黄茅、白草，莫知其极"。而且这里水系发达，方便城市用水和漕运，更适合作为都城。

六、结语

金中都是北京建都史的开端，在我国古代都城发展史上具有特殊地位。北京地区具有优越的自然地理条件，强烈的文化吸引力，人地关系良好，经济形态多样且繁荣，经历了长期沉淀积累，北京具有越来越包容的特质。女真族历经数代的发展具有了在此地建都的实力。完颜亮因其政治需求力主迁都，在天时地利人和的情况下，金中都建立起来了，它给后世留下了文化内涵丰富的历史遗产。

浅论金中都运河建设的历史意义

李珮（北京考古遗址博物馆）

金贞元元年（1153 年），海陵王完颜亮称帝后颁布诏书"迁都"，把都城从位于今黑龙江省哈尔滨市的上京迁到燕京，改称"中都"。金中都的建立开启了北京作为都城的历史篇章，为元、明、清三朝定鼎天下、建都于北京奠定了基础。今年正是北京建都 870 周年。

为了解决金中都的粮食供应问题，金代曾经不止一次开凿通往中都城的运河，最后在金章宗时期以成功开凿闸河结束，史书记载"船运至都"[1]，金代闸河成为北京地区晋升为首都以来首条有明确开通记载的运河。笔者认为，这一事件的历史意义不容低估，应该放在北京历史和漕运历史的角度重新对其进行思考，在此笔者提出金中都运河建设的三点意义，供各位指正。

一、金中都运河对于中都城粮食供应具有重要意义

北京在辽代之前称幽州，只是一个边陲军事重镇。隋代虽然开凿了直通涿郡的大运河，但目的是为了运送粮食以便在辽东用兵，并不是为了满足北京城本身的粮食需要。海陵王迁都燕京（今北京）以后，金中都成为当时南北方贸易往来的必经之地，金代的统治者把大量物资源源不断地运往中都城，如此多的物资如果通过陆路运输，不但难以完成运输任务，而且既费时间成本也高。基于上述原因，金朝统治者曾决定疏浚并开凿人工运河，其中一条被称为"漕河"，大致方向是从白莲潭至通州潞水运河[2]，还有一条是中都到通州的运河，被称为"金闸河"。

漕运对于维系封建王朝的国都运转具有不可替代的意义，不仅是封建王朝的皇室成员，那些居住在国都、为封建王朝服务的各级官员、士兵及其家眷都需要朝廷发的俸禄养活，而官员的俸禄不单单以货币的形式发放，还包括其他吃穿用度，其中重要的一种方式是以粮食和布匹的形式下发，例如正一品官员的俸禄情况，据《金史·百官志》中记载"正一品：三师，钱粟三百贯石，麴米麦各五十称石，春衣罗五十匹，秋衣绫五十匹，春秋绢各二百匹，绵千两。三公，钱粟二百五十贯石，麴米麦各四十称石，春衣罗四十匹，秋衣绫四十匹，春秋绢各一百五十匹，绵七百两。亲王、尚书令，钱粟二百二十贯石，麴米麦各三十五称石，春衣罗三十五匹，秋衣绫三十五匹，春秋绢各一百二十匹，绵六百两。"[3] 这么大批量的物资，单就粮食这一项讲，当时金中都附近的粮食生产显然无法满足朝廷的需要，更何况还有各类

---

[1] [元]脱脱等：《金史》卷一百一十《列传第四十八·韩玉传》，中华书局，1975 年，第 7 册，第 2429 页。

[2] 关于这条漕河，史料中提及甚少。《金史·河渠志·漕渠》中提到，金大定四年（1164 年），金世宗"出近郊，见运河湮塞，召问其故"，可见金中都附近原有旧的运河故道，已经湮塞。大定五年（1165 年）春，金世宗"令宫籍监户、东宫亲王人从及五百里内军夫浚治"，可能疏浚的就是这一条湮塞的漕河。除此之外，《金史·河渠志》中没有再提到这条漕河，其大致走向也只能推测而已。

[3] [元]脱脱等：《金史》卷五十七《志第三十八·百官三》，中华书局，1975 年，第 4 册，第 1339 页。

织品布匹，这就要求金朝修建直通金中都的运河，通过漕运来保证国都官员的俸禄供给。

单就漕运最主要的功能——粮食运输来说，为了满足金中都城内人们的粮食需要，金代朝廷从其控制的各个产粮区分别调集粮食。一般来说，粮库设在国都附近，当粮食产区丰收，朝廷可以从丰收地调集粮食充实粮库，当国家粮库储备粮食不够时，也需要从一些地方紧急调运粮食。《金史·河渠志·漕渠》中就曾记录在 1164 年，山东地区粮食丰产，调拨那里的粮食补充首都粮库的情况，[1] 也记录过在 1183 年，因为金中都储粮不够，急令从周边六州调拨粮食的情况。[2]

金国和南宋的东部分界线在淮河流域，金控制了今天陕西、河南和山东的大部分地区，所以只有到了金代，朝廷才有能力将北方各个产粮地区的粮食调拨到北京（中都）来。《金史·河渠志·漕渠》中记载，金代就是利用高良河、白莲潭等河流湖泊的水，想办法与潞河连通，以达到运送粮食到中都的目的。[3] 对于金代朝廷来说，今河北、山东等省有一些产粮区，将产粮区的粮食运输到中都来，可以应对一些缺粮的状况，起到调剂的作用。

关于如何往中都运输粮食，金代的做法是先在各个产粮区靠近天然河岸的地方设置粮仓，再从各地粮仓利用天然河道往中都运输粮食。《金史·河渠志·漕渠》中就有记录："凡诸路濒河之城，则置仓以贮傍郡之税，若恩州之临清、历亭，景州之将陵、东光，清州之兴济、会川，献州及深州之武强，是六州诸县皆置仓之地也。"[4]《金史·河渠志·漕渠》中还讲："其通漕之水，旧黄河行滑州、大名、恩州、景州、沧州、会川之境，漳水东北为御河，则通苏门、获嘉、新乡、卫州、浚州、黎阳、卫县、彰德、磁州、洺州之馈，衡水则经深州会于滹沱，以来献州、清州之饷，皆合于信安海壖。"[5] 在金朝设计开通的多条粮食运输线路中，来自恩州、景州、清州、献州和深州等地的粮食，主要是靠天然河流形成的河道来运输，最终汇聚到了今天的天津附近地区。粮食到了天津附近以后，再沿着潞水运到通州，即"溯流而至通州"，抵达通州以后，通过设置闸门的人工漕渠来维系漕运，也就是"由通州入闸，十余日而后至于京师"[6]。在粮食运送到潞水之前，运输的线路全靠天然河流，唯独到了通州以后，因为缺乏天然河流，只能靠人工漕渠来转运。在没有人工漕渠或漕渠没水的情况下，就只能依赖陆路运输了，就像前文提到的"粟百万余石运至通州，辇入京师"。而陆路

[1] "初，世宗大定四年八月，以山东大熟，诏移其粟以实京师。"载《金史》卷二十七《志第八·河渠志》，中华书局，1975 年，第 3 册，第 683 页。

[2] "（大定）二十一年，以八月京城储积不广，诏沿河恩献等六州粟百万余石运至通州，辇入京师。"载《金史》卷二十七《志第八·河渠志》，中华书局，1975 年，第 3 册，第 683 页。

[3] "金都于燕，东去潞水五十里，故为闸以节高良河、白莲潭诸水，以通山东、河北之粟。"载《金史》卷二十七《志第八·河渠志》，中华书局，1975 年，第 3 册，第 682 页。

[4] ［元］脱脱等：《金史》卷二十七《志第八·河渠志》，中华书局，1975 年版，第 3 册，第 682 页。

[5] ［元］脱脱等：《金史》卷二十七《志第八·河渠志》，中华书局，1975 年版，第 3 册，第 682 页。

[6] ［元］脱脱等：《金史》卷二十七《志第八·河渠志》，中华书局，1975 年版，第 3 册，第 682 页。

运输耗费巨大、效率低下的弊端是显而易见的，从通州往中都运粮，地势高峻，常常因留不住水而无法行船，仅能靠陆路运输，当时的人已感到非常困难。[1] 可以说，金中都修凿运河，就是为了解决自己首都粮食运输的"卡脖子"问题。

粮食运输的"卡脖子"问题初步得到解决是在金章宗时期。新的运河工程在金章宗治下再一次启动，目的就是要解决旧有的运输难题。从泰和四年（1204 年）起议政新修漕河，到泰和五年（1205 年）或泰和六年（1206 年）的时候大致完成。这次新修凿的运河，因河道中设有船闸之故，也称闸河。《金史·河渠志·漕渠》中记载，在泰和五年（1205 年），因为过去的旧有漕河浅涩，金章宗命尚书省征发北方多地的民夫共 6000 人，开凿运河，并且对因修凿运河而占用的田地，官方给予相应补偿。[2] 这次大规模的修凿，工程应该包括金中都运河在内的若干沟渠。最后通航的效果就是从原来的"辇入京师"改变为"船运至都"，前文所说的运粮船溯流而上抵达通州，自通州开始进入一道一道的闸，走闸河十几天以后到达中都，大概也指的是这种情况。

金中都运河修凿的成功，是北京历史和漕运历史上一个划时代的事件，自此，北京开启了由各地船运物资直达北京的历史。虽然金中都运河没有元代通惠河那么有名，但是毕竟开北京漕运之先河，具有里程碑式的历史意义。

二、金中都运河为元代京杭大运河修建提供了宝贵的经验

金中都运河修凿的第二个重要意义在于它为元代京杭大运河，特别是通惠河的修建提供了宝贵的经验。

金中都城是在沿袭辽代南京城的基础上改建而成，城内建设按照汴梁（今河南省开封市）制度，重视城市排水设施的修建，因此，金中都的水利修建和水源利用也都因循旧有水系而加以改造利用。中都城城内水源主要来自城外西北的西湖（今莲花池），专供宫苑使用。这条水系自莲花池进入中都城后一路向东，流入同乐园（也叫西华潭或鱼藻池），经龙津桥继续向东最后流出城外。除了莲花池水系外，还有城外的护城河凉水河，凉水河古称洗马沟，是为金中都城市供水的莲花河的下游河道，到通州区榆林庄闸上游汇入北运河。这两条水系满足当时用水问题，同时中都护城河也可以直接排泄城市洪水。[3]

[1] "然自通州而上，地峻而水不留，其势易浅，舟胶不行，故常徙事陆挽，人颇艰之。"载《金史》卷二十七《志第八·河渠志》，中华书局，1975 年，第 3 册，第 682 页。

[2] "（泰和）五年，上至霸州，以故漕河浅涩，敕尚书省发山东、河北、河东、中都、北京军夫六千，改凿之。犯屯田户地者，官对给之。民田则多酬其价。"载《金史》卷二十七《志第八·河渠志》，中华书局，1975 年，第 3 册，第 684 页。

[3] 20 世纪 90 年代，在洗马沟出水处发掘出了金中都水关遗址，水关的上半部建筑已毁，下半部分基底保存较为完好，是我国目前唯一一处经过正式考古发掘的金代的水利设施，1995 年该遗址列为全国重点文物保护单位。

金代修凿运河的过程并非一帆风顺，上述两条水系作为金中都运河的供水水源都存在着水流小且不稳定的问题。因此，在金世宗时期，朝廷曾尝试开凿金口沟渠，自中都以西的永定河开凿出一段人工水渠，沿着中都城北一直将水引至通州附近，为漕运的运河提供稳定的水源，根据《金史·河渠志·卢沟河》的记录，这项工程应该是在大定十二年（1172 年）动工并在当年完工通水的，路线是从金口出发，途经中都北边的城壕，向东到达通州北部，接入潞河。[1] 但是这项工程完结以后，原本期望起到的漕运作用并没有发挥出来，原因在于此处地势较高，水也较为浑浊，较为湍急的水流不断侵蚀河道两岸，又在水流平缓处淤积污泥，使得河道有的地方过于险峻，有的地方又淤塞，无法行船。[2] 最后以大定二十七年（1187 年）用巨石堵住金口闸而结束，这种状况一直持续了十数年。

元代修凿通惠河之前，郭守敬应该事先已经考察过金口闸在当时的状况，在至元二年（1265 年）的时候，郭守敬正担任都水少监一职，他向忽必烈汇报，"金时，自燕京之西麻峪村，分引卢沟一支东流，穿西山而出，是谓金口。其水自金口以东，燕京以北，灌田若干顷，其利不可胜计。兵兴以来，典守者惧有所失，因以大石塞之"[3]。郭守敬向忽必烈建议重新开通金口河，"上可以致西山之利，下可以广京畿之漕。"[4]

当然，郭守敬为了防止洪水灾害，吸取了金代的教训，特意在金口的上游事先留出一个减水口，从减水口那里向西南方向再修凿一段沟渠，把金口以下的卢沟河再次连起来，如遇洪水突然泛滥，则可从事先开凿的减水口把洪水向西南方向分流，在下游再回归主河道，这样可以避免洪水直接从金口灌入金口河，造成洪涝灾害。但是，郭守敬的这次治理金口河更多地是为了方便京西西山的水运，仍然没有解决北京地区运输粮食的漕河问题。

金章宗时期，在闸河修建好以后，因为水量不够，造成闸河经常淤塞，不得不又改回陆路运输，或者即使没有淤塞，通过闸河进入中都的运粮船队航行耗时过长，而船队需要每日支付工钱，使得运输成本大大增加。这一问题在闸河修成不久就出现了，《金史·河渠志》中提到，泰和八年（1208 年）六月时，通州刺史张行信就说，运粮船从通州入闸河以后，经过十几天才到中都城，而官方就给 5 天的转脚费用，显然是不够的，于是增加了相关费用。[5] 此时距离闸河修好不过两三年的时间。《金史·河渠志》又总结说："其后亦以闸河

[1] "自金口疏导至京城北入壕，而东至通州之北，入潞水。"载《金史》卷二十七《志第八·河渠志》，中华书局，1975 年，第 3 册，第 686 页。

[2] "地势高峻，水性浑浊。峻则奔流漩洄，啮岸善崩，浊则泥淖淤塞，积泽成浅，不能胜舟。"载《金史》卷二十七《志第八·河渠志》，中华书局，1975 年，第 3 册，第 686 页。

[3] [明] 宋濂等：《元史》卷一百六十四《列传第五十一·郭守敬传》，中华书局，1976 年，第 7 册，第 3846—3847 页。

[4] [明] 宋濂等：《元史》卷一百六十四《列传第五十一·郭守敬传》，中华书局，1976 年，第 7 册，第 3847 页。

[5] "（泰和）八年六月，通州刺史张行信言：'船自通州入闸，凡十余日方至京师，而官支五日转脚之费。'遂增给之。"载《金史》卷二十七《志第八·河渠志》，中华书局，1975 年，第 3 册，第 684—685 页。

或通或塞，而但以车挽矣。"[1]

金代闸河的水源来自高良河（高粱河）、白莲潭等水系，事实证明，这些水源地是不能满足运河对水的需要的，供水不足是金中都运河无法完全实现功能的症结所在。这就给元代修凿通惠河提供了宝贵的经验。

元代在筹划开凿通惠河时，针对原有水系供水不足的问题，郭守敬曾经考察过北京各地的水源情况，最后才确定利用白浮泉作为京杭大运河的源头修凿运河的计划。至元二十八年（1191 年），郭守敬向忽必烈建议，将运河源头改为白浮泉，并且中间利用瓮山泊作为水量调节库，在运河穿过大都城以后，设置船闸来保证通航。[2]

通过建设船闸来保证通航，在这一方面，元代通惠河和金中都闸河的原理是一样的。文献明确记载通惠河是每十里置一闸，而关于金中都闸河，文献中未提及设置船闸的数量和间隔距离。但是在《元史·河渠志·通惠河》中提到，在修凿通惠河的过程中，"置闸之处，往往于地中得旧时砖木"[3]，说明通惠河船闸的选址之处往往就是金中都闸河设置船闸的旧地，当时的人们就十分感慨这一点。这也从侧面说明了元代的通惠河是沿着原来金代闸河的走向修凿的，金代闸河的修建无形之中为元代通惠河的开凿提供了参考的路线。

三、金代开创了与金中都运河相配套的巡视管理制度

漕运是一个系统工程，需要自上而下统筹安排。就漕运季节来说，就分为春运和秋运两种，春运从冰消开行，到暑雨结束，秋运则从每年农历八月开船，到河流封冻结束。在漕运中，由于季节不同，河水流量大小不同，所用挽夫人数的多少也不同，就计算里程来说，顺流、逆流也有区别。总之，人力物力需要提前考虑，统筹谋划，缺乏细致的安排往往带来的是巨大的物资浪费。

在金代闸河没有修凿成功之前，对漕运做计划的问题就已经摆在金代朝廷面前。金世宗大定年间，户部员外郎曹望之就针对漕运中缺少计划运输的弊病，向朝廷建议，计算并掌握各个靠河粮仓的实数和设在通州的粮仓能容纳的粮食数，根据朝廷每年的消耗来制定漕运的数字，防止盲目运输，因时制宜，节省民力。[4] 曹望之的建议被朝廷采纳，通过核查实际数

[1] ［元］脱脱等：《金史》卷二十七《志第八·河渠志》，中华书局，1975 年，第 3 册，第 682 页。

[2] "大都运粮河，不用一亩泉旧原，别引北山白浮泉水，西折而南，经瓮山泊，自西水门入城，环汇于积水潭，复东折而南，出南水门，合入旧运粮河。每十里置一闸，比至通州，凡为闸七，距闸里许，上重置斗门，互为提阏，以过舟止水。"载《元史》卷一百六十四《列传第五十一·郭守敬传》，中华书局，1975 年，第 7 册，第 3851—3852 页。

[3] ［明］宋濂等：《元史》卷六十四《志第十六·河渠一·通惠河》，中华书局，1975 年，第 4 册，第 1589 页。

[4] "论漕运，先计河仓见在几何，通州容受几何，京师岁费几何。今近河州县岁税或六七万石，小民有入资之费，富室收转输之利，宜计实数以科税入。"载《金史》卷九十二《列传第三十·曹望之》，中华书局，1975 年，第 3 册，第 2039 页。

字，有计划地安排漕运，不仅减少了盲目运输，而且避免了官吏中饱私囊的现象发生。虽然金世宗大定年间直通中都的运河没有修好，但是金代朝廷已经就漕运统筹问题开始提前规划，从北京漕运史上来说，也是漕运制度完善的重要标志。

一条运河的意义不仅在于其修凿的成功与否，因为运河是人工河道而非天然形成的，需要定期进行人工维护，所以运河的功能是否可以发挥出来，还要靠后期的管理维护。一条疏于管理的运河是无法正常发挥作用的。

随着金代闸河的修凿成功，漕河沿线地区疏于管理、责权不清的弊病马上就显露出来了，"凡漕河所经之地，州县官以为无与于己，多致浅滞，使纲户以盘浅剥载为名，奸弊百出"[1]。为此，金朝还设置了相关官员和职务，加强对漕运的管理。金章宗泰和六年（1206 年），金朝规定了凡是漕河途经的地区，州府官衔都带"提控漕河事"；县官则带"管勾漕河事"，将"催检纲运，营护堤岸"的责任明确地加在了这些官员的头上。金代漕河所经之地，共计有3 府 12 州 33 县[2]，利用地方的力量分段管制漕河，是保证金朝漕运畅通无阻的重要措施。

朝廷的管制措施不仅对保证漕运的通畅发挥了作用，其官员设置也为后朝运河管理奠定了制度基础。《金史·河渠志》中记载，"（泰和六年）十二月，通济河创设巡河官一员，与天津河同为一司，通管漕河闸岸，止名天津河巡河官，隶都水监。"[3] 笔者认为，这里所指的"通济河"可能是金代闸河的正式名称。如果这项判断是正确的话，那么说明在金代就有了专门负责巡视从中都到通州这一段运河的官员，归中央朝廷的都水监管辖。《金史·百官志》中"都水监"下也提到了"通济河节巡官"[4]，或可作为辅证。

因此我们可以说，早在金代就已经建立了比较完备的地方与中央共同管理漕运的相关制度，而且还任命了专门负责北京地区运河的巡视官员。

在这一点上，元代与其有异曲同工之妙。元代在修建通惠河时，修建了坝闸十处，共二十座，马上也面临坝闸的维护和安全守卫的问题。元成宗元贞元年（1295 年）四月，就有中书省大臣奏言："新开运河闸，宜用军一千五百，以守护兼巡防往来船内奸宄之人。"[5] 元成宗同意了这条建议。同年七月，工部又进言说："通惠河创造闸坝，所费不赀，虽已成功，全藉主守之人，上下照略修治。今拟设提领三员，管领人夫，专一巡护，降印给俸。"[6] 虽说通惠河是元代重新修凿的运河，但是在派专员巡视、维护坝闸这些方面，选择了一条和金代相同的道路，而从时间上来说，无疑金代是最早在北京地区运河设置巡河官员的王朝，

[1] ［元］脱脱等：《金史》卷二十七《志第八·河渠志》，中华书局，1975 年，第 3 册，第 684 页。
[2] 武玉环：《辽金社会与文化研究》，中国社会科学出版社，2014 年，第 243 页。
[3] ［元］脱脱等：《金史》卷二十七《志第八·河渠志》，中华书局，1975 年，第 3 册，第 684 页。
[4] "都巡官，从七品。掌巡视河道、修完堤堰、栽植榆柳、凡河防之事。分治监巡官同此。其泸沟、崇福上下埽都巡河兼石桥使，通济河节巡官兼建春宫地分河道。"载《金史》卷五十六《志第三十七·百官二》，中华书局，1975 年，第 3 册，第 1277 页。
[5] ［明］宋濂等：《元史》卷六十四《志第十六·河渠一·通惠河》，中华书局，1975 年，第 4 册，第 1589 页。
[6] ［明］宋濂等：《元史》卷六十四《志第十六·河渠一·通惠河》，中华书局，1975 年，第 4 册，第 1589 页。

反过来说，巡河官员的设置证明了金代北京地区运河的存在，因为只有有了运河，才有专门巡视维护运河的官员存在的必要性。

  综上所述，金中都运河的成功开凿，无论从北京历史还是漕运历史的角度来说，都有其重要意义。在元代通惠河修成将近一百年之前，为了满足金中都粮食供应的需要，北京就开启了将各地物资通过漕运直达北京的历史。金中都运河的修建还为元代通惠河的修建提供了正反两方面的宝贵经验，伴随制定的相关运河管理制度也属首创。今天我们只有更好地认识这段历史，才能更好地把握金中都运河对于北京的重要意义。

金代吕君墓表考释

李影（北京考古遗址博物馆）

北京考古遗址博物馆馆藏一件金代石刻作品《吕君墓表》，此墓表发现于 1991 年北京市丰台区凉水河石榴庄段清淤过程中，位于河道南岸。此墓表保存得非常完好，仅有个别字漫漶不清。此墓表为汉白玉质，从上至下分别为顶盖，方形表身，凸字形方形底座。墓表通高2.7 米，其中表身边长 0.56 米，高 2.05 米。顶盖为两块完整石料雕刻组成的四阿重檐，上檐边长 0.77 米，下檐边长 0.9 米。表身首题篆书"吕君墓表"，楷书表文镌刻于表身四面，每面 8 行，每行 21—48 字不等，通篇 868 字（图 1）。

根据目前发表的考古材料统计，北京地区发现的金代墓志、墓表共计 28 方，其中墓表只此一件。墓表的概念目前学术界观点不尽相同，大部分学者认为墓表有两种：一是位于神道两侧的神道石柱；另一种指立于地面之上的碑形石刻。学者认为墓表和神道碑相近，只不过神道碑适用于统治阶级上层，而墓表的使用范围更宽泛一些。此墓表属于第二类，这类墓表源于东汉《谒者景君墓表》[1]，文体与碑碣相同，有官无官均可以使用，没有严格的等级限制。此外，目前发现的各时代墓表多作圆首碑形，此类形制的墓表亦不多见。

一、吕君世系及生平、仕宦履历考

根据墓表记述，墓主世系关系见表。墓主人名徵，字良弼，祖父吕世宗，父亲吕温义曾任忠显校尉，家族世代居住于燕地，称得上豪门望族。吕徵曾从军戍镇阳。《金史·王若虚传》中记载："金亡，微服北归镇阳，与浑源刘郁东游泰山……"[2]，王若虚为藁城人，藁城属河北西路的真定府[3]。此外，在今河北正定隆兴寺内的《广惠大师经幢》，金大定二十年（1180 年）刻石，幢文中记述"镇阳龙兴寺河北西路都僧录改授广惠大师经幢铭并序"；立石于元至顺元年（1330 年）的《真定路十方万岁禅寺庄产碑》中记述"真定古镇阳，素称名□……"。故镇阳为真定府（今河北正定），金属河北西路。根据镇阳位置及吕徵年龄推测，其戍镇阳应是在燕京地区战事频发的天会年间。

之后吕徵又做过开封副职刘㢠及原王的幕僚。刘㢠金史无记载，生平不详，只在《宋史》中出现过一次："绍兴十二年夏四月丁卯，皇太后偕梓宫发五国城，金遣完颜宗贤、刘㢠护送梓宫，高居安护送皇太后。"[4] 此刘㢠和墓表中的是否为一人暂不能确定。"原王"为金代封爵。据金史记载共有两位原王，分别为完颜宗本[5]和完颜璹。其中完颜璹为大定

[1] 杨树坤、彭明旭：《神道碑、墓碑、墓碣、墓表概念辨析》，《新余学院学报》，2017 年第 5 期。
[2] ［元］脱脱等：《金史》卷一二六《列传第六十四·文艺下·王若虚传》，中华书局，1975 年，第 2738 页。
[3] ［元］脱脱等：《金史》卷二十五《志第六·地理中》，中华书局，1975 年，第 603 页。
[4] ［元］脱脱等：《宋史》卷三十《本纪第三十·高宗七》，中华书局，1977 年，第 555 页。
[5] 《金史》卷五十九《表第一·宗世表》中记述："宗本左丞相、原王。"

图 1 吕君墓表

二十五年（1185 年）进封原王，此时吕徵已去世 18 年，故表文中的原王为太宗之子完颜宗本。金史中对其皇统九年（1149 年）之前的履历未做记录，其受封原王时间不详，据专家推断其留守的"京都"为宋东京汴梁[1]，金天会五年（1127 年）攻破汴梁，故完颜宗本留守京都时间在天会五年至皇统九年之间。

后在金大定初年，国库匮乏，可按捐助军资的多少授予爵位，故吕徵捐钱千万，为自己及两个儿子取得爵位，但无官职，以此来换取免除赋税和徭役。大定七年（1167）四月六日吕徵病逝，享年五十八岁。病逝两个月后，于六月十九日葬于祖坟，与其妻赵氏合葬。

据表文记述，墓主人吕徵的生平履历较为简单，更多的则是赞扬他的德行。据表文记述他的家族以德行闻名，吕徵是其中代表。表文中选取了六个事件，用大篇幅，从乐善好施、清净寡欲、恪守原则、平等待人、正直善良等方面，来向他人展示其良好德行。

二、篆书者蔡珪

墓表篆题人蔡珪，金代著名文人，其父蔡松年，曾为右丞相，父子二人《金史》皆有

[1] 齐心：《近年来金中都考古的重大发现与研究》，《中国古都研究（第二十辑）——中国古都学会第十二届年会论文集）》，山西人民出版社，1994 年，第 152 页。

呂世宗
|
呂温义
|
呂　徵　　　赵　氏
|子
师望　　　　　　　师孟
七十　九十　和尚　师儿　八十　应吉　韶容　媚容

呂徵家族世系表

传[1]。其父蔡松年号萧闲老人，字伯坚，真定府人，金代著名政治家，文学家。北宋宣和末年，蔡松年在燕山府（辖河北北部及东北部之地，府治在大兴西南）其父蔡靖军中掌理机宜文字。宋军兵败后，蔡松年入金，为元帅府令史。天会至皇统年间，先后任真定府判官、刑部郎中、总军中六部事、刑部员外郎等。因其与完颜亮交好，在完颜亮篡权夺位后，蔡松年先后被提拔为吏部侍郎、户部尚书、吏部尚书，最终官拜右丞相，卒于正隆四年（1159年）。

由《金史》可知：蔡珪[2]字正甫，中进士第，担任三河主簿。任职翰林修撰于丁父忧后，同知制诰。于八年后任户部员外郎兼太常丞。蔡珪因熟悉国家典章制度，任职编类详定检讨删定官。蔡珪曾作《两燕王墓辩》，详细记录了西汉高祖子刘建及燕康王刘嘉两燕王墓的葬制、款刻、名物等。蔡珪曾牵涉到一件案子，受到处罚。安国军节度判官高元鼎犯事，向太常博士田居实、吏部主事高震亨、大理评事王元忠、大理司直吴长行求助，却被鞫问官御史台典事李仲柔告发（高震亨叮嘱）。认定蔡珪与其他七位官员合谋使高元鼎逃脱处罚，蔡珪因这个事件被处罚答四十。蔡珪又曾担任河东北路转运副使，后重新担任翰林修撰，迁礼部郎中，封爵为真定县男。蔡珪中风失去说话能力之后被任命为潍州刺史，同一批人已经面见皇帝奏谢，只有蔡珪不能入见。金世宗认为蔡珪人不能言仍能从政是因为"党蔽"，蔡珪因此辞去官职，不久后便去世了。

[1]　[元]脱脱等：《金史》卷一二五《列传第六十三·文艺上·蔡松年传》，中华书局，1975年，第2715页。
[2]　[元]脱脱等：《金史》卷一二五《列传第六十三·文艺上·蔡珪传》，中华书局，1975年，第2717页。

蔡珪也是金代著名文人，其作品有《补正水经》五篇，《续金石遗文跋尾》十卷，《晋阳志》十二卷，《文集》五十五卷，编著《南北史志》三十卷等。《补正水经》《晋阳志》《文集》传世，其余的都已经失传。

通过《金史》中的《蔡珪传》我们知道蔡珪中过进士，做过翰林，当过皇帝秘书为皇帝起草诏书。在古代，翰林和知制诰的官职多由有文采名望的人担任，可见蔡珪本人在当时文坛声望较高。他的书法传世不多，篆书尤为罕见，因此表文中虽然只有四个字，也是弥足珍贵。

三、撰书者任询

任询为表文的撰书者，金代知名的书法家，据《金史》所载[1]，任询为易州军市人，字君谟。其父亲名任贵，非常有才干，善于作画，北宋徽宗宣和、政和年间游历于江、浙一带，生任询于虔州，为人慷慨豁达，品德高尚。任询擅长书法、绘画、诗文，其书法水平被誉为当时第一，画作也均为妙品。评者谓其画高于书，书高于诗，诗高于文，但是王庭筠独以其才具许之。正隆二年，任询登进士第，历任益都都勾判官、北京盐使等官职。任询于六十四岁时致仕，悠游乡里，家中收藏有数百轴的书画名品，七十岁时去世。

任询诗文书画俱工，真草书流丽遒劲，不让二王。山水画师王庭筠、张才，得二人三昧，可以说任询的作品代表了当时书法的最高境界，同时期及后世评论家对任询的书法颇多赞誉。《增补中州集》中记载任询"为人多才艺，其画高于书，书高于诗，诗高于文，书入能品，画入神品"。任询书法集众家之所长，其字钟灵毓秀，书法雄健超迈，风格在颜真卿和苏轼之间。任询一生中创作了诸多书画作品，但留存于世的却寥寥无几，目前我们仅能看到《吕君墓表》《古柏行》《大天宫寺碑》《秋怀诗诗碑》[2] 等几件作品。其中《吕君墓表》是任询少见的传世楷书精品，字体遒劲端严，宗颜鲁公书风，反映了金代中期书法艺术所达到的高度。

在蔡珪传中出现了任询的名字，两人因为同一个案件受到处罚——"坐与居实等相传教，或令元鼎逃避"，因与元鼎过从甚密，助其脱身而惹祸上身受到笞刑，可见二人平时私交非常不错。受处罚时二人的官职与墓表上的记载一致，一个是行太常丞兼户部员外郎，一个是宛平县主簿，受处罚时间当与墓主人去世时间相近。后来蔡珪这个号为"辨博"的人却因中风而导致不能说话，通过关系外放潍州刺史想蒙混过关，但还是被皇帝发现，几名高官因此

[1]　[元] 脱脱等：《金史》卷一二十五《列传第六十三·文艺上·任询传》，中华书局，1975 年，第 2719 页。
[2]　伊葆力：《金代碑石上的任询书迹》，《北京辽金文物研究》，北京燕山出版社，2005 年，第 335—348 页。

受到皇帝的责备，蔡珪自己也被迫提前退休，没多久郁郁而终。任询则在六十四岁的时候退休，每日悠哉的在家乡游乐，时常赏玩家藏的几百幅书画，七十岁时去世，安稳地度过了一生。

四、刻石者宫伯元

居于社会下层阶级的百工之一石刻刻工，在史籍中无据可考。但据以往学者的研究成果来看，各时期均应有官属刻工，目前学术界对自唐代以来石刻刻工的官属设置和成员构成已有一定了解[1]。但金代题属中有记录职官的只有两例，且均为品级较低的武散官[2]，一为正九品上的"保义校尉□显"[3]，一为正七品下的"修内司昭信校尉邱温"[4]，此二人是否为官属刻工，或者管理刻石事务的职官还待进一步商榷。此墓表末刻"宫伯元刻"，刻工宫伯元所在的宫氏家族在辽金幽燕地区活跃长达一百六十余年之久，且宫氏刻工为辽代房山石经的主力刻工[5]。北京地区发现的金代石刻遗存中，除此件墓表外，还有以下5件，共6人：

张岐墓志（皇统六年），文末刻"河南郡宫世存□□□"[6]；

武德将军幢（正隆六年），文末刻"中都河南郡宫福昌刻"[7]；

张汝猷（泰和七年），文末刻"永安宫济刻"[8]；

鲁国大长公主墓志（大安元年），文末刻"张伯玉、宫琢刻"[9]；

杨瀛神道碑（大安三年），文末刻"古□宫琢刊"[10]。

关于宫伯元的世系关系，学者周锋以辽金宫氏刻工作品刊刻年代推算，宫伯元与宫福昌应为宫氏第四代刻工。从列出的石刻材料来看，仅有两例未署籍贯，学者周锋也指出在宫伯元这一代，因为其家族居住中都的时间较长，他们的籍贯观念已经发生了变化，到宫伯元这一代已认为自己是"中都人"[11]。所以宫伯元未署籍贯，可能是认为自己是本地人，不用刻意标明。关于宫氏家族的社会地位，无论是从"吕君墓表""鲁国大长公主墓志"的撰文书丹

[1]　程章灿：《石刻刻工研究》，上海古籍出版社，2008年。

[2]　[元]脱脱等：《金史》卷五十五《志第三十六·百官志一》，中华书局，1975年，第1222页。

[3]　[清]武亿：《宝丰县志》，《石刻史料新编（第3辑30册）》，台北新文丰出版公司，1986年，第146页。

[4]　金光平、金启孮：《女真语言文字研究》，文物出版社，1980年，第320页。

[5]　周锋：《北京辽金石刻刻工宫氏家族考》，《北京文博》，2007年第3期。

[6]　北京市文物局：《北京辽金史迹图志（下册）》，北京燕山出版社，2004年，第285页。

[7]　北京市文物局：《北京辽金史迹图志（下册）》，北京燕山出版社，2004年，第95页。

[8]　北京市文物局：《北京辽金史迹图志（下册）》，北京燕山出版社，2004年，第218页。

[9]　北京市文物局：《北京辽金史迹图志（下册）》，北京燕山出版社，2004年，第221页。

[10]　北京市文物局：《北京辽金史迹图志（下册）》，北京燕山出版社，2004年，第41页。

[11]　周锋：《北京辽金石刻刻工宫氏家族考》，《北京文博》，2007年第3期。

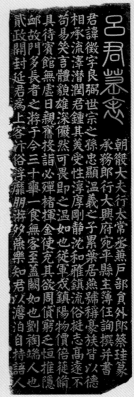

图 2 吕君墓表拓片

者均为金代知名书法大家如任询、蔡珪、党怀英等，还是从其服务对象有金世宗长女来看，在金代中都地区的石刻刻工中，宫氏家族占有重要地位。

五、吕徵家族的社会地位

墓表称墓主人家族为"豪族"，但事实并非如此。从墓表记述可以得知，吕徵家族里只有其父亲吕温义任过"忠显校尉"，据《金史·百官志·武散官》记载："从七品上曰忠武校尉，下曰忠显校尉。"[1] 忠显校尉为从七品下的武散官，并无实际职事。吕徵的爵位也是通过捐资而得，并无实际官职。同时，与燕地发现的其他几家所谓的"豪族""大族"的吕氏家族相比，吕徵家也算不上"豪族"。2007 年在北京石景山区鲁谷发现了一处吕氏家族墓葬，据墓志可知此吕氏家族在辽金时期，多人通过科举而进入仕途，状元就有 3 人，取得进士的更是多达 10 余人，多人有官职，金代族人最低官职也为从六品上的武义将军[2]。另外，在昌平南口发现的金代摩崖石刻中记述了一则关于吕贞幹同弟子的游记，据学者考证吕贞幹家族在金代也有 6 人相继中进士第[3]。这两个吕氏家族被称为金时燕地的"豪族"一点也不为过，但吕徵家族与其相比就相差甚远了。至于表中所记"累叶居燕，号称豪族"应是撰文者对其的溢美之词罢了。

另外，从墓表使用材料来看，虽然吕徵墓表使用的是名贵的汉白玉石材，但并不能代表其就属于"豪门望族"。因为有学者研究表明金代墓志材质主要有石、砖两种，墓主人的

---

[1]　[元] 脱脱等：《金史》卷五十五《志第三十六·百官志一》，中华书局，1975 年，第 1222 页。

[2]　孙勐：《鲁谷金代吕氏家族墓葬发掘报告》，科学出版社，2010 年，第 154 页。

[3]　周峰：《金代吕贞幹摩崖题记考释》，《北京文博》，2003 年第 4 期。

墓志材质多为就近取材，所选材质与墓主人身份地位并无直接关系[1]。吕徵所居住的幽燕之地——房山便盛产汉白玉，且吕徵能"以钱千万及二子取爵"，所以获取汉白玉制作墓表对其并不是难事。

至于任询与蔡珪两位有一定社会名望的人能为吕徵的墓表篆题及撰文，在表文中有记述"询从君泉其子弟，游逾二十年，故深知其德履之详，矧恩充报屈，铭心奚补"。排除酬金因素外，任询和吕徵是多年好友，而蔡珪则和任询是同僚，故蔡珪应受任询请托为吕徵篆题。此外蔡珪为真定人，吕徵也曾戍军真定，这或许也是蔡珪为其篆题的原因之一。

而官员参与撰写实无官职的吕徵墓表，也不代表其社会地位的崇高。因为在金代非官员使用墓志的现象已经得到了社会的普遍认可，官员也已接受此现象，并参与为平民撰写墓志的活动，况且树墓表本就不受有无官职约束。

从上述分析来看，吕徵所在的这支吕氏家族只能算是家境殷实的土豪，而离墓表所记的"豪门望族"有较大差距。

对于此件墓表的价值，目前更多的体现在任询和蔡珪的书法价值上（图2），已有学者对《吕君墓表》的书法价值进行了分析[2]。其在证史补史方面的价值非常有限，主要是由于树表和设墓志的目的不同所导致的：树表的目的是颂墓主之德以示人，而设墓志的目的则是记述墓主人的世系及生平，记卒年葬月及葬所等。此件墓表题属的刻工信息可以对金代石刻刻工信息进行辑补。此外，由于目前金代墓表发现较少，无法进行系统的分类、分期研究，但吕君墓表的发现为我们提供了新的关注点，期待随着考古工作的开展，可以发现更多此类文物，为金代社会的经济、文化、民俗等方面的研究提供更为充实的实物资料。

[1]　王新英：《金代墓志登记制度研究——以出土墓志为中心》，《兰州学刊》，2012 年第 1 期。
[2]　王凯霞：《金代〈吕徵墓表〉及其书法价值》，《中国书法》，2008 年第 11 期。

小议金代玉器

穆洁（北京考古遗址博物馆）

目前国内所能见到的金代玉器多为传世品，考古发掘材料数量相对较少，主要出自金代早、中期墓葬当中，但分布范围比辽代更广，向南最远可至北京、陕西一带。

作为女真族的肇兴之地，黑龙江地区出土金代玉器的地点较多，如哈尔滨市新香坊金墓[1]、绥滨中兴墓群、奥里米古城墓群、阿城齐国王墓[2]、依兰晨光水电站等，这些玉器或粗犷、或精细，工艺水平不一。吉林扶余西山屯金墓[3]、风华乡班德古城、农安金代窖藏、舒兰完颜希尹墓、长春完颜娄室墓等地出土的金代玉器，地域和民族特征明显，构成了吉林地区金代玉器的主体。而河北固安宝严寺塔基地宫、北京丰台乌古论窝论墓[4]、房山长沟峪金墓[5]等地出土的玉器普遍用料上乘、做工精致，具有典型的中原文化色彩。此外，陕西地区出土的金代玉器虽屈指可数，但也不乏精品，如西安未央范家寨村的荷叶鱼形玉坠[6]等。上述发现为我们了解金代玉器发展之盛况提供了重要的实物资料。

一、金代玉器的器型分类

尽管深受其他民族文化的影响，但女真人仍以本民族的生活习俗为依据创造出许多特色鲜明的器型，发展势头不减宋辽两朝。

依据用途的不同，可将金代玉器分为装饰器、礼仪器和观赏陈设器三大类。其中，装饰器占比最高，主要包括各种佩和环，如鸟衔花形佩、莲叶鱼形佩、灵龟伏莲佩、鹘攫天鹅纹佩、山林兽纹佩、飞天佩、花朵形环[7]及玉耳饰[8]等；礼仪器主要为各种形状的玉带；观赏陈设器则以花鸟、人物、山水等为纹饰的器钮居多。

（一）装饰器

大部分是用作腰佩的零散玉佩件，也有少数是包含了金属、玉石等材料的综合工艺品，如绥滨中兴古城金代贵族墓中出土的列鞢[9]就是典型的女真贵族使用的组合式腰佩。

[1]　安路：《哈尔滨新香坊金墓发掘综述》，《黑龙江史志》，1984年第2期。

[2]　黑龙江省文物考古研究所：《黑龙江阿城巨源金代齐国王墓发掘简报》，《文物》，1989年第10期。

[3]　吉林省博物馆：《吉林省扶余县的一座辽金墓》，《考古》，1963年第11期。

[4]　北京市文物工作队：《北京金墓发掘简报》，《北京文物与考古》第一辑，1983年。

[5]　张光得、黄秀纯：《北京市房山县发现石椁墓》，《文物》，1977年第6期。

[6]　刘云辉：《中国出土玉器全集·14·陕西》，科学出版社，2005年，第222页。

[7]　中国玉器全集编辑委员会：《中国玉器全集·5（隋—唐—明）》图161，河北美术出版社，1993年，第105页。

[8]　古方：《中国出土玉器全集·2·内蒙古 辽宁 吉林 黑龙江》，科学出版社，2005年，第222页。

[9]　李治亭：《关东文化大辞典》，辽宁教育出版社，1993年，第570页。

图 1 缠枝花卉孔雀纹奁盒（北京市丰台区乌古论窝论墓出土）

图 2 金扣白玉带（吉林省扶余市西山屯金代墓出土）

图 3 练鹊纹玉纳言（北京市房山区金陵出土）

（二）日用器

如图 1 所示的缠枝花卉孔雀纹奁盒，各层间以子母口套合，内含五个大小花纹稍有差异的带盖圆盒；另有吉林农安金代窖藏[1] 出土的青玉盘盏，器壁上有形似鹧鸪胸部羽毛特征的半透明斑点，别具一番情趣。

（三）礼仪器

图 2 这件玉带，由 18 块长方形、桃形玉銙和 1 块圆首长方形玉铊组成，玉件均为素面，以金铆钉缀于马尾带上。另挂海螺一个、金环两枚，珍珠地，饰忍冬纹和卷云纹，具有典型的女真族风格。革带多通过加缀配件来体现使用者的身份地位，其中以玉最为珍贵，《金史·舆服志》中有记"带制，皇太子玉带，佩玉双鱼袋；亲王玉带，佩玉鱼；一品玉带，佩金鱼。"金人常服玉带为上。庶人禁用玉。可见玉带既是装饰器，又是礼仪用器。

同样兼具装饰与礼仪用途的还有纳言（图 3）。"纳言"原为职官名，字面上还蕴含着居高位仍广纳贤论之意，是统治者自我标榜的一种辞语。以纳言作为佩饰缀于冠顶之后，是对这种辞语的形象化与礼制化。

[1] 张英、王则、樊远生、费晓军：《吉林农安金代窖藏文物》，《文物》，1988 年第 7 期。

图 4 青玉镂雕仙人钮（故宫博物院藏）　　　　　　　图 5 熊纹玉带饰（中国文物信息咨询中心藏）

（四）其他

受宋代玉文化及本朝绘画、雕塑艺术的影响，金代还出现了以花鸟禽兽与人物山水等为题材的玉图画，多用作器钮或帽顶。如图 4 所示这件器物[1]，通过人、景、兽等元素的巧妙组合，呈现出一处清虚空灵之境，同时还用到了宋金时常见的留皮做法，以玉料自然侵蚀形成的外皮来表现深秋时节柞树由绿变黄的情景，艺术价值很高，堪与宋代中原地区的同类器相媲美。

传统的几何纹璧、环、玦、璜等器型在此时基本消失，代之而兴的是以花朵、鸟兽等为题材的各型服饰配件或嵌件，纹样简洁、明快，展现出自宋代起中国古代玉文化的革新精神，也为元、明、清三朝装饰品的发展奠定了基础。

二、金代玉器的制作工艺与装饰风格

（一）制作工艺

金代选用的玉料以青玉和白玉为主，少部分为岫岩玉、玛瑙和水晶，制作工艺与宋、辽两朝存在密切联系。

金代早期多沿用辽代的常见技法，以镂雕的片状形态和镂雕、圆雕兼具的立体形态为主，纯粹圆雕的器物数量较少，形体概括，线条简练，以突出局部特征为主（图 5）。发展至金代中、后期，受宋代工艺的强烈影响，金代制玉业得到了大幅发展，整体水平远胜于辽。不过宋代开创的双层或多层镂雕技法在金代并未得到普及，此时更多仍采用单层形式。

---

[1]　　中国玉器全集编辑委员会：《中国玉器全集·5（隋·唐—明）》图 154，河北美术出版社，1993 年，第 100 页。

图 7 鸟衔花形佩（北京市丰台区乌古论窝论墓出土）

图 6 鸟衔花形佩（哈尔滨市新香坊金墓出土）

图 8 黑褐色莲纹鱼形佩（鹤岗市绥滨县中兴金墓出土）

图 9 双鹿形佩（鹤岗市绥滨县奥里米城北墓葬出土）

从整体看，器物主体被镂雕部分占据，镂孔数量并不固定，最多达数十处；从局部看，孔洞或边棱犀利，或玲珑典雅，风格各有不同。如图 6、图 7 所示鸟衔花形佩皆以啄花绶带鸟作为主体元素，镂空部分精丽竞繁、细致柔和，线条委婉，层次丰富，与之形成较大反差的是奥里米古城出土的牵牛花形佩和绥滨中兴金墓出土的莲纹鱼形佩（图 8），这两件器物刀法省净、刻线粗劲，体现了渔猎民族质朴洒脱的性格特征。

在线条的处理上，金代延续了唐宋时期中原地区的手法，多以阴刻线条来表现动物身体和植物叶脉等细节之处，但唐代玉器常用的刚劲有力的短阴线条在此时基本不见，整体呈现出一种宽细兼备、刚柔相济的风格。中兴金墓的这件莲纹鱼形佩，鱼鳞使用了平行交叉的线条，鱼鳍和鱼尾则用粗细不等的刻线予以突出。

（二）装饰风格

金代摒弃了早期玉器规矩、方圆的传统做法，并未过分追求细部刻画，而是更加注重整体造型的简明与完整，以简洁粗放的刀法和洒脱飘逸的线条营造出精劲、辟透、浑然一体的感觉。下面通过部分典型器型对金代玉器的装饰风格进行简要分析：

图 10 鹿纹玉帽顶（中国文物信息咨询中心藏）

图 12 灵龟伏莲佩（北京市丰台区乌古论窝论墓出土）

图 11 折枝花卉纹佩（北京房山区长沟峪金墓出土）

图 13 白玉镂雕鹘攫天鹅纹玉带饰（广东省博物馆藏）

1. 兽纹佩：表现走兽穿梭山林间的意境。如图 9 所示双鹿形佩[1]，两侧以枝叶围成三角形轮廓，内含剪影式雌雄二鹿及一雁，虽刀法简约但生动传神。图 10 中的鹿纹玉帽顶则展现出截然不同的艺术效果，此器以多层镂雕的手法刻画出六只姿态各异的鹿，立体感更强，同时还用到了金代流行的俏色工艺，借助黄色的玉皮描绘出秋天叶落之前层林尽染的恬静美景。

2. 折枝花形玉佩：多选用上好的青白玉，以花朵、枝叶等作为装饰元素，采用通体浮雕、镂雕加阴刻的手法制成，做工精细，可兼做佩饰或嵌饰（图 11）。

3. 灵龟伏莲佩：采用写实手法，器身多做镂空隐起处理，荷叶边缘翻卷，叶片上的龟身个头小巧、姿态各异，为辽、金、元时期所特有的造型手法。图 12 所示这对青玉佩，以浮雕和透雕相结合的手法制作出荷叶与水草，阴刻单线表示叶脉，荷叶中心各有一只浮雕小龟相向而行，活灵活现，极富生气。

4. 玉带銙：金代玉带銙受唐、宋、辽三朝影响较大，但结构及形制略有差异。金代玉带銙多为素器，样式简朴，做工粗糙，当然也有少数器物纹饰繁缛、做工精细，如图 13 所示带饰，玉质白色，略带沁，采用多层透雕工艺，生动再现了天鹅在荷叶丛中躲避鹘鸟追捕的情景。

金代玉器的体积普遍不大，但透过简约的装饰线条，后人仍能从中领略到其精湛的刀工技巧、设计妙想，以及金代手工艺品小巧、精致的艺术美感。

[1]　黑龙江省文物考古工作队：《松花江下游奥里米古城及其周围的金代墓群》，《文物》，1977 年第 4 期；方明达、王志国：《绥滨县奥里米辽金墓葬抢救性发掘》，《北方文物》，1999 年第 2 期。

图 15　鹘攫天鹅形佩（安徽省文物局藏）

图 16　虎鹿纹玉饰件（故宫博物院藏）

图 17　飞天纹玉佩（鹤岗市绥滨县中兴公社金墓出土）

图 14　双人形玉刀柄（中国国家博物馆藏）

三、金代玉器的典型纹饰与文化内涵

金代玉器的艺术风格浑朴、刚劲、俊伟，虽取材自日常生活，但流露出的意境却是沉郁而深刻的。常见的装饰纹样除人物造型（图 14）外，更多为自然界中的动植物，与宋代玉器差异明显。

常见的代表性纹饰有：

（一）灵龟伏莲

古时称"龟游"，也有学者称之为龟巢荷叶纹。龟是中国传统文化中的重要元素之一，被古人奉为多寿延年的象征并附会为灵物。商人灼龟甲以卜吉凶，视宝龟为国之重器，旗饰龟蛇以驱难避害。《易·颐》中有"舍尔灵龟，观我朵颐"，孔颖达疏："灵龟，谓神灵明鉴之龟兆"；《雒书》中则有"灵龟者，玄文五色，神灵之精也"的说法。金人以龟作为玉器的装饰题材，借灵龟的神祥明鉴、五色鲜明来比喻使用者的明德与灵气，当与汉文化的影响密切相关。

《史记·龟策列传》中曾提到："龟千岁，乃游莲叶之上"；《宋书·符瑞志》中也有"灵龟者，神灵也。……五色鲜明，三百岁游于蕖叶之上；三千岁常游于卷耳之上"的说法，在佛教教义中，莲花属于神花，诸佛以莲花为台座，谓佛土为莲华（花）世界，李白也有诗云"龟游莲叶上，鸟宿芦花里"。可见古人对龟、莲之灵的说法是颇为崇信的，或许因两者皆有祥瑞之意，故凭借所谓的"物有相感"之意而将其结合在一起，以期能使彼此神性更甚。

（二）春围秋猎

以此题材为装饰图案的玉器又被称为"春水、秋山玉"，尤以鹘攫天鹅形佩和兽纹饰件最为典型。

"春水、秋山"的称谓最早出自《金史·舆服志》。金人之常服，其束带曰吐鹘。吐鹘以

40

图 18 鱼形玉佩（哈尔滨市新香坊墓葬出土）　　图 19 缠枝竹节佩（北京市房山县长沟峪金墓出土）　　图 20 双鹤衔灵芝纹佩（北京市房山县长沟峪金墓出土）

玉为之，其刻琢多如春水秋山之饰。女真人建立政权后，承袭契丹春围、秋猎的传统并将其逐步制度化，并以"春水""秋山"之名替代契丹语中的"捺钵"，最终演化成极具女真民族特色的重要礼俗。与此同时，反映相关内容的工艺品开始大量涌现，范围涉及玉器、绘画、纺织、制瓷等多个领域，成为金代极富特色的艺术装饰题材。

以景写情、情景交融是春水、秋山玉最显著的特点，它们尤以善用俏色工艺进行巧雕而著名，即借助天然玉皮来烘托自然景致的恬淡、朴实，展现生命的活力，给人以美的享受。以图 15 这件玉佩为例，器身以椭圆形玉环围框，内托透雕的鹘、鹅各一，羽毛以阴线琢刻而成，线条清晰，排列整齐，展现出极富激情的围猎景象，具有典型的金代春水玉特征。秋山玉则更多展现了野禽走兽于山林间平和共处的场面（图 16），虽然也有繁简精粗之别，但仍缺少了春水玉那份激动人心的感染力，且现存数量远少于春水玉。

"春水、秋山玉"将北方少数民族独特的生活习俗与粗犷气概表现得淋漓尽致，自辽金风行后，其影响一直延续至元明两代。

（三）飞天

金代的飞天造型深受唐代玉飞天的影响，但在细节处理上又有新的变化。以图 17 这枚飞天纹玉佩[1]为例，飞天束双高髻，上身袒露，左臂旋绕飘带，体态轻盈畅游在祥云之间。其中，赤足及云朵的样式具有明显的唐代遗风，但将飞天与花卉相结合，塑造出飞天在花卉中漫游、飘移的效果则为金代独创，后世尚未见到传承者。

将神话题材中的飞天形象与现实生活中人性化的审美情趣巧妙融合在一起的设计，使得金代的装饰艺术摆脱了宋以前构图题材的神秘化，展现出更多的生活气息，也反映出金人对制玉理念的创新。

（四）鱼

鱼也是金代玉器中常见的题材，其中又以莲叶与鱼的组合形态最为多见。与辽代只有双鱼且不加衬景的做法不同，金代的莲叶鱼纹佩惯用荷藻作为配景（图 18），这点与宋代的同类器物大致相同。

鱼形佩当源自鱼袋制，此制始于唐代。据史籍记载，"其（鱼袋）制以金银饰为鱼形，公服则系于带而垂于后，以明贵贱"，"带制，皇太子玉带，佩玉双鱼袋；亲王玉带，佩玉鱼；一品玉带，佩金鱼"[2]。宋金时期仍沿用旧制佩戴鱼形佩，既表达了追求吉瑞的愿望，也有借此区别使用者身份贵贱的意图。

[1] 黑龙江省文物考古工作队：《黑龙江畔绥滨中兴古城和金代墓群》，《文物》，1977 年第 4 期；刘国祥等《中国出土玉器全集·2·内蒙古 辽宁 吉林 黑龙江》，科学出版社，2005 年，第 232 页。
[2] ［元］脱脱等：《宋史》卷一五三《舆服五》，中华书局,1977 年，第 3568 页；［元］脱脱等：《金史》卷四十三《舆服志上》，中华书局,1975 年，第 983 页。

（五）其他

缠枝竹节佩，以透雕手法塑造出盘卷的竹枝，以单、双阴线刻画叶脉和竹节；这也是目前已知最早的以竹为饰的出土玉器。双鹤衔灵芝纹佩，是金代非常少见的以鹤为题的玉器。北京房山长沟峪发现的这组玉佩做工精美，鲜明地表达出金人对自然的倾心与热爱，是研究女真贵族生活的珍贵实物资料（图19、图20）。

四、小结

"转徙随时，车马为家"既是早期女真人的生活状态，也是其民族文化的根源所在，随着封建化过程的推进逐渐渗透至社会生活的各个方面。

尽管金代的玉器制造业成果斐然，但归根结底，金代玉文化的核心要素仍未完全超脱于汉文化整体框架的约束。不过，女真人对待汉文化的态度是相对开放的，且善于在传承中融入许多创造性元素，这也造就了金代玉文化紧贴现实生活的显著特点，是对其民族性格与审美情趣的最好体现。

从文物看金代儿童的娱乐生活

王晓颖（北京考古遗址博物馆）

古往今来，儿童的娱乐生活都是社会文化生活的一部分，对其探索，有助于了解当时的社会风俗。有关金代儿童娱乐活动的记载在文献中很常见，金代文学家元好问在诗词中就多次描写了彼时儿童嬉戏的场面，"细侯竹马相从，笑渠奔走儿童"[1]；"翩翩竹马儿童喜，惊见汉江归报"[2]；"儿女青红笑语哗，秋千环索响呕哑"[3]；"大儿小儿舞商羊，东家西家捉迷藏"[4]。《金史》载："幼时与群儿戏，力兼数辈，举止端重，世祖尤爱之……十岁，好弓矢。甫成童，即善射。"[5] 这里是说金太祖完颜阿骨打小时候参与以力气见长的游戏并且擅长弯弓射箭。在出土的金代文物中，有很多是表现儿童娱乐生活的，这些文物是研究金代儿童娱乐生活的重要资料，对我们了解金代儿童娱乐生活具有重要意义。相比文字描述，古文物提供的信息更立体、直观、生动。故本文从器物类型着手，结合文字资料，对其所反映出的金代儿童娱乐活动做出总结，不同器物类型展示的活动内容偶有重合现象，便不再赘述。

一、陶瓷文物展示的儿童娱乐活动

1. 动物造型玩具

金代陶瓷玩具发现较多的是在辽阳江官屯窑，该窑址是辽金时期"五京七窑"之一，动物造型玩偶是其主要产品之一。金代女真人作为马背上的民族，崛起于白山黑水之间，对动物有天然的亲近感，玩具造型也是偏重于狗、牛、马、羊、骆驼、狮子、鹿、老虎等生活在山野丛林中的动物。

除了江官屯窑，金代磁州窑、缸瓦窑、龙泉务窑等窑口也有类似产品，但都不如江官屯窑产量大、材质好。除了当时的各个窑口发现较多的陶瓷玩具外，在金中都南城垣水关遗址附近也出土了玩具小瓷狗，小瓷狗单色釉，呈卧倒的姿势，表情平静，侧首凝望。可推测当时此类玩具流通甚广，在金代是比较普及的儿童娱乐玩具。

2. 博弈

《论语·阳货》即有"博弈"一词："饱食终日，无所用心，难矣哉！不有博弈者乎？为

---

[1] ［金］元好问：《全金元词》，中华书局，1975 年，第 104 页。

[2] ［金］元好问：《全金元词》，中华书局，1975 年，第 109 页。

[3] ［金］元好问：《元好问诗编年校注》卷五，中华书局，2011 年，第 1375 页。

[4] ［金］元好问：《元好问诗编年校注》卷五，中华书局，2011 年，第 1350 页。

[5] ［元］脱脱等：《金史·太祖传》卷二，中华书局，1975 年，第 19 页。

之，犹贤乎已。"朱熹注曰："博，局戏也；弈，围棋也。"[1] 围棋在我国发展由来已久，目前出土最早的围棋实物是一块西汉时期的围棋盘。[2] 到了金代，围棋也是颇受欢迎的休闲活动。从围棋用品出土的情形可看出，围棋在金代分布广泛，不局限于某地，材质也繁多，有用料考究的琉璃、汉白玉等棋子，也有制作粗糙的土陶、石子棋子。[3] 围棋不限身份等级，从上层社会到普通百姓之间都十分流行。《大金国志》记载："熙宗自为童时聪悟，适诸父南征中原，得燕人韩昉及中国儒士教之。后能赋诗染翰，雅歌儒服，分茶焚香，弈棋象戏，尽失女真故态矣。"[4] 从这段史料得知，金熙宗完颜亶在童年时随长辈南征中原，接受汉儒文化，积极学习诗词歌赋、分茶焚香、弈棋象戏。

3. 竹马

竹马表现的是儿童的一种模仿行为，孩童一般喜欢用一根竹竿当马匹，夹在两腿中间，并用手在前面把牢，驾驭着它奔跑或停止，体现了对成人骑马的向往。金代磁州窑生产了大量瓷枕，其中包含很多婴戏纹饰的作品，画面充满了浓郁的生活气息，有一些瓷枕上生动地刻画了金代孩童娱乐的场景，不仅有竹马嬉戏的场景，还有下文提到的风筝、捶丸等娱乐方式。

4. 风筝

风筝，古代称之为"鹞"，也称之为纸鹞、鹞子、纸鸢、风琴等。自东汉时期造纸术发明后，纸质的风筝开始制作并流行开来。南宋诗人陆游（1125—1210 年）创作了很多反映儿童嬉戏的诗句，他生逢北宋灭亡之际，生活在南宋与金朝并存的时代。"小甋有米可续炊，纸鸢竹马看儿嬉"[5]；"雨余溪水掠堤平，闲看村童戏晚晴。竹马踉跄冲淖去，纸鸢跋扈挟风鸣"[6]；"出从父老观秧马，归伴儿童放纸鸢"[7]。从这些诗句可以看出，在宋金之际，不论是玩竹马还是放纸鸢，都是比较普及的儿童娱乐活动。金代儿童放风筝的具体情景在文物中可窥见一二。河北磁州窑出土的一方八角形白地黑花婴戏风筝枕，枕面刻画有一孩童头顶两侧蓄发，赤裸着双臂，胸前系一个兜肚，下身穿着长裤。他右手持纺轮，左手向前摆，边跑边向

[1]　[宋] 朱熹：《四书章句集注》，中华书局，1983 年。
[2]　焦南峰、王保平、马永嬴等：《汉阳陵帝陵陵园南门遗址发掘简报》，《考古与文物》，2011 年第 5 期。
[3]　孙新章：《金上京遗址出土围棋棋子简报》，《2014 第二届海峡两岸体育运动史学术研讨会论文集》。
[4]　崔文印：《大金国志校证》卷十二，中华书局，2011 年，第 179 页。
[5]　[宋] 陆游：《剑南诗稿》，岳麓书社，1998 年，第 895 页。
[6]　[宋] 陆游：《剑南诗稿》，岳麓书社，1998 年，第 25 页。
[7]　[宋] 陆游：《剑南诗稿》，岳麓书社，1998 年，第 448 页。

后看，身后的风筝这时正徐徐上升 [1]。

5. 蹴鞠

蹴鞠是指古人以脚蹴、蹋、踢皮球的球类运动，类似现在的足球。蹴鞠在战国时期就已经是民间比较流行的娱乐活动之一了，这在《战国策·齐策》有明确记载，"临淄甚富而实，其民无不吹竽、鼓瑟、击筑、弹琴、斗鸡、走犬、六博、踏鞠者。"金代孩童延续了此项活动。磁州窑瓷枕上的纹饰图案，两名蹴鞠的儿童头顶 10 到 12 世纪女真族人的典型发型髡：剃除前额头发，并且两侧的头发留长编成小辫子；服饰着交领左衽长袍，二人各执一球，好似在练习蹴鞠技法。

6. 捶丸

捶丸，捶是击打，丸是一种小球，是我国古代以球杖击球入穴的一种运动项目。元世祖至元十九年 (1282 年) 编写的《丸经》是一部专门论述捶丸的著作，也是对捶丸活动最早记录的书籍。根据《丸经·集序》中"至宋徽宗、金章宗，皆爱捶丸"的记述，可知捶丸形成期的下限在北宋徽宗宣和年间（1119—1125 年），即金天会年间（1123—1137 年）。

从出土文物看，捶丸运动在金代孩童群体中也很流行。金代孩童捶丸瓷枕描绘了孩童捶丸场景，瓷枕儿童姿势或蹲或弯曲站立，面部表情都聚精会神，嘴巴微张，手执球杖，让人感受到孩童专注于游戏的神态。

二、砖雕展示的儿童娱乐活动

砖雕是金代墓葬装饰中的重要组成部分和特色之一，山西地区出土较多。从已出土的金代砖雕可以看出，砖雕制作工艺主要是模制烧成，砖雕中的人物造型被工匠塑造的形象十分饱满，情态特别细腻传神，但用来表达的线条却又极其简练。

1. 社火乐舞

社火是民间传统演艺活动，最初是酬报神恩的祭祀仪式，发展到后来社火表演的内容与百戏并无太大差别，区别之处在于社火表演场地多在户外，规模更加宏大，演员更具民间性

---

[1]   夏学颖：《磁州窑婴戏纹人物形象研究》，华北理工大学 2017 年硕士论文。

质[1]。节日里，表演者通过演艺活跃节日气氛。金代的社火表演在山西地区发扬光大，从晋南地区出土的大量砖雕内容可知，金代社火表演的主体人员是儿童，并且表演形式多样，生动有趣。

社火蛮牌舞是反映当时战争生活情景的表演。其中一件雕刻有两位童子各持兵器相对而舞：一人双手端着像盾牌一样的防御器械，上面绘有简单的几何形图案花纹；另一人手持兵器"榠刀"，童子身后还有飘扬的彩带围绕。

社火扑旗子表演一般描绘激烈的战斗场面。有一件砖雕雕刻有四位童子：左前童子回望伙伴，右手持一面三角旗高高举起，左手三角旗在下方摆动，左脚跳跃而舞。中间一童子斜挎腰鼓用右手敲击并回头招左手示意。右边童子二人后背相对，每人双手各执盾、剑翩翩起舞。

社火表演之瓜田乐，展现的是人民丰收后的喜悦和热烈庆祝的场面，生活气息浓厚。其中一件雕刻有五位童子：左前两位童子，二人分别吹横笛、敲锣鼓，回望后面伙伴。正中童子戴花脚幞头，一个硕大的长条大瓜被童子扛在肩上，童子兴高采烈地跳跃着，充满丰收喜悦之情。右后二童子分别敲打锣和腰鼓，紧跟扛瓜童子后面相向起舞。

2. 骑射等军事游戏

金世宗完颜雍曾言："女直旧风，凡酒食会聚，以骑射为乐"[2]。可见金代女真族作为马背上的民族，骑马射猎是他们传统的娱乐方式，尤其是统治阶层，分外看重骑射技术精湛与否。从出土砖雕也可看出，骑射技术是金代孩童自小就会接触的活动。有一件砖雕上童子具有相似的穿着打扮，均是身着短衣斜披绸带，其中一个童子双手各执三角形旗帜不断挥舞，双腿并直立于鞍桥之上。另一个童子双手各挥舞兵器短戟，右腿弯曲前蹬，左腿向后略弯，立于马鞍桥上。童子所骑马匹，形体健硕，脖戴銮铃，马尾灵动，呈奔跑状。

三、小结

1. 金代儿童的娱乐活动，不仅有流传已久的传统游戏，如竹马、风筝、博弈、蹴鞠等，还有一些具有本民族特色的活动，如社火乐舞和骑射等军事游戏。这是文化交流、融合的结果和见证，这种融合使得金代儿童的娱乐方式更加丰富，而且社火乐舞此类以儿童为表演主

[1] 牛小芹：《金代社火表演之儿童乐舞》，《文物世界》，2020 年第 7 期。
[2] ［元］脱脱等：《金史·完颜阿离补传》卷八十，中华书局，1975 年，第 1812 页。

体的民俗活动在金代发扬光大，并得以在山西地区传承至今。通过砖雕提供的信息可知，参与社火乐舞的表演儿童，有的穿对襟直领的汉族服饰，有的穿左衽的女真特色服饰，画面令人感觉其乐融融。金代的社火乐舞表演也反映了民族之间的文化贯通，体现了文化上"各美其美，美美与共"的天下大同的理想。

2. 政权更替，并未割裂人们的业余文化生活。1123 至 1125 年间，金先后取代辽和北宋，女真族建立了统一北方的政权。但唐宋时期流行的儿童娱乐活动没有被取缔，没有因为政权的更替而消失，传统项目继续保持，在金代得以延续。金代儿童大部分娱乐活动传承了唐宋时期的内容，这是金代对中华文化认同的表现，体现了中华文化"多元一体"的特性。

3. 儿童的娱乐活动是社会文化现象之一，是社会民俗生活的一部分。古人将儿童娱乐时天真烂漫的场景展现在实物上，是对美好生活向往之情的流露，也代表金代手工制作者的审美情趣。金代文物体现出的孩童嬉戏的场景，不只是内容上具有时代特色，在艺术表现手法上也展示了当时的社会风俗风貌。比如金代婴戏图题材的文物，大量展示了儿童的娱乐活动，侧面反映出金代儿童的生活是充满活力的，社会是积极向上的。砖雕中儿童展示的斗争场景也颇多，凸显了少数民族英勇善战的特色。此外，金代文物中有些婴童嬉戏内容并非生活的如实写照，如孩童骑狮、骑鹿童子、童子踩莲等，而是人们将内心的所想所愿落实在不同载体之上，是信仰和社会精神风貌的物化反映。

4. 从出土文物地区来看，展示金代儿童娱乐活动的文物大部分出土于长城以南地区，该地区文物反映出的活动形式更加丰富多彩。究其原因有两点：一是长城以南地区在宋辽金时期本就是民族文化融合之地，儿童娱乐生活作为社会民俗文化的一部分，在这种多元文化融合的背景下，必然会产生多种形式的活动。二是金代社会文明发展的结果。金女真族兴起于东北黑龙江和松花江流域，为了部族发展向南迁移，在此过程中，不断吸收先进的文化，促进自身发展，使得社会文明处于上升状态，而不是停滞、倒退。

北京大葆台出土
金代陀罗尼墓幢考

周紫薇（北京考古遗址博物馆）

　　1153 年金海陵王正式迁都北京后，开启了北京正式成为都城的历史。受辽南京佛教遗风的影响，金代北京地区的佛教迅速发展起来，众多佛教文物得以保存，其中以幢最为常见。位于北京市丰台区郭公庄西南角的大葆台金代遗址曾出土一件金代陀罗尼墓幢。目前对于该墓幢相关研究有限，本文将结合相关史料，对墓幢形制、墓主、立石人以及经文等作初步考释。

一、墓幢基本情况

　　1974 年 8 月，在大葆台 1 号墓南部封土堆出土了一件金代墓幢：大金故承信校尉守玉田县醋务都监大公墓幢。该幢立于金大安三年（1211 年）八月，幢身通高约 50 厘米，周径 65 厘米，直径对角线长 20 厘米，汉白玉石质，八角形棱柱状，八面宽度不一，最宽面为 9 厘米，最窄面为 6 厘米，幢有一角残损（图 1）。墓幢八面均刻字。一面篆书两行竖刻"大金故承信校尉守玉田县醋务都监大公墓"18 字，一面楷书两行竖刻"大安三年八月初五日弟武德将军守单州单父县令大邦基立石"。剩余六面一面为楷书"归命同大悲心陀罗尼"，五面为《大悲心陀罗尼》梵文经咒（图 2）。墓幢内容可分为三部分，分别为圹铭、立石之人及佛教经咒。

二、墓幢形制

　　墓幢，辽金时期鼎盛，是佛教僧俗信徒为纪念亡者而建的经幢，又名"墓铭幢""坟幢"，常置于墓道、墓室或墓旁。经幢结构一般由幢顶、幢身、幢座构成。墓幢作为经幢的一种形式，其规格通常较小，制作简单朴素，以仅有幢身为多见。"大公墓"陀罗尼墓幢目前仅存幢身。关于经幢的做法，目前学界普遍认为有两种：一是榫接法，通常石块之间涂抹石灰粘料，唯独在幢身的顶部和底部，雕凿出阳榫，以便套接上、下盖所凿的阴榫；另外一种则是非榫接法，一般是由青石构件相叠而成的。[1] 观察幢身，其上部凹凸不平，并未见明显阳榫结构，推测幢顶盖应是直接盖扣在幢身，形状或为塔顶状；底部中间位置有不明显的凹槽，似为阴榫，推测幢身底部或有幢座，因其发现地在大葆台汉墓 1 号墓封土中，不排除有幢构件丢失的可能性。

[1]　　刘淑芬：《灭罪与度亡——佛顶尊胜陀罗尼之研究》，上海古籍出版社，2008 年，第 61 页。

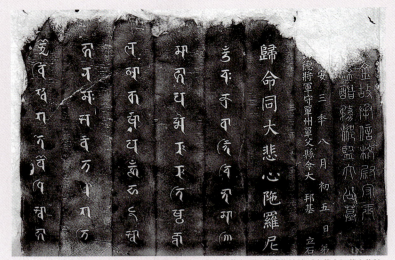

图1 玉田县醋务都监大公墓幢（选自北京市大葆台西汉墓博物馆编《大葆台汉墓文物》）

图2 玉田县醋务都监大公墓幢碑文拓片（选自北京市大葆台西汉墓博物馆编《大葆台汉墓文物》）

三、墓主、立石之人职官考释、相关史事等

（一）墓主考释

　　金代墓志的题首一般包含墓主的姓名、官职和称谓，出于对墓主的敬重，一般只记墓主之姓而不记全名，多以"某公"或"某君"称之。[1] 考此墓主姓"大"，应为女真贵族。《金史·世纪》有载："粟末靺鞨始附高丽，姓大氏。李勣破高丽，粟末靺鞨保东牟山。后为渤海，称王，传十余世。"[2] 大氏，最早源于渤海王族姓氏，后入女真。建立渤海政权的大祚荣便是此姓，大氏家族在朝官员多担任与军事相关的官职，如《金史》中提到的大臭、大家奴等。此外，也以通婚的形式和金朝皇室建立政治联系，如海陵王的母亲大氏。可见大氏在金朝多为豪门贵族，具有一定的社会地位。

　　承信校尉，武散官名，金始置，正七品。《金史·百官志》中载："武散官，凡仕至从二品以上至从一品者，皆用文资……正七品上曰承信校尉，下曰昭信校尉。"[3] 散官，一般指无实际职务，只有虚衔的官职。金代进士授文散官，其余皆授武散官，也称"右职"。而与散官对应有实职的称为职事官，如醋务都监，应为墓主人的实际职务。关于醋务，金代史料所载较少，除上所说还有"税醋使司"，《金史·卢彦伦传》中有："亨嗣（卢彦伦之子）字继祖，以荫补阁门祗候，内供奉。调同监平凉府醋务，改同监天山盐场。"[4]《金史·强伸传》提到强伸曾监部阳醋。金代醋务机构是榷醋制度下应运而生的，是金代所置醋贸易的征税机构。金代为增加政府财政税收，实行禁榷制度，醋作为调味品也被列入了榷货中。《金史·食货志》载："金制，榷货之目有十，曰酒、曲、茶、醋、香、矾、丹、锡、铁，而盐为称首。"[5] 金朝的榷醋制度处于时榷时停的状态。[6] 金后期，社会政局动荡，军费支出浩大，又开

---

[1]　苗霖霖：《贞铭金石——墓志中的金代社会》，中华书局，2021年，第120页。

[2]　[元] 脱脱等：《金史》卷一《本纪》，中华书局，1975年，第1页。

[3]　[元] 脱脱等：《金史》卷五十五《百官一》，中华书局，1975年，第1222页。

[4]　[元] 脱脱等：《金史》卷七十五《卢彦伦传》，中华书局，1975年，第1717页。

[5]　[元] 脱脱等：《金史》卷四十九《食货四》，中华书局，1975年，第1093页。

[6]　王德朋：《论金代的禁榷制度》，《北方文物》，2007年第4期，第74页。

始实行榷醋制度。"承安三年三月，省臣以国用浩大，遂复榷之。五百贯以上设都监……"[1]都监，在此应为主管使司、院务的监当官，正八品。《金史·百官志》中提到："中都都曲使司：酒使司、院务、税醋使司，榷场兼酒使司附。……都监二员，正八品，掌签署文簿、检视酝造。"又载："凡京都及真定皆为都曲酒使司，设官吏同此。它处置酒使司，课及十万贯以上者设使、副、小都监各一员……其它税醋使司、及榷场与酒税相兼者，视课多寡设官吏，皆同此。"[2]由此可知醋务机构应和酒务机构设置相似，依据缴税多少设置职位，"大公"都监应为专置；醋务机构在府、州、县、镇皆置，墓主为县所属醋务都监，玉田在《金史·地理志》中归在中都路蓟州下，"玉田有行宫、偏林，大定二十年改为御林。镇一韩城。"[3]《金史》中对于该地的记载多为世宗、章宗春水、冬猎时来此地。通过对墓主职官的考证，笔者推测墓主或为荫补出职。《金史·世宗》载："以承荫人主榷沽，此辽法也。法弊则当更张，唐、宋法有可行者则行之。"[4]这句话中提到荫补最初职位多为监当官，虽然后面提到此制度不好须更改，但如何改也未再提及。金末元初文学家元好问对于金朝酒务官有论："维金朝入仕之路，在近代为最广，而出于任子者十之四……大定以后，杂用辽制，罢文资之注，酒使副者，纯用任子……"。[5]任子为荫补的官员，由此推断与酒务机构官职设置相似的醋务官亦如此。

（二）立石之人考释

墓幢由其弟大邦基立石。大邦基，《金史》无传，但曾出现过"大邦基"一人。《金史·逆臣》中曾有一人叫大兴国，原在熙宗身旁效劳，深受宠待和信任。后在海陵王的引诱下帮助其发动政变，弑杀了金熙宗。海陵王登基后，赐其名"邦基"。"天德四年，改任崇义军节度使，赐名邦基。"[6]其中还记载了大邦基的兄长，在金世宗即位后，大邦基被罢免官职归家，而他的兄弟大邦杰因受牵连，也失去了京兆判官的职务。"大定中，邦基兄邦杰自京兆判官还，世宗曰：'大邦杰因其弟进，滥厕缙绅，岂可复用？'"[7]最终世宗下令用分尸的酷刑将大邦基杀死在思陵旁，其时间为大定二十三年正月甲午，"（大定）二十三年（1183年）正月丁卯朔，宋、高丽、夏遣使来贺。……甲午，大邦基伏诛。"[8]从时间上来看，大邦

[1] ［元］脱脱等：《金史》卷四十九《食货四》，中华书局，1975年，第1107页。

[2] ［元］脱脱等：《金史》卷五十七《百官三》，中华书局，1975年，第1319页。

[3] ［元］脱脱等：《金史》卷二十四《地理上》，中华书局，1975年，第574页。

[4] ［元］脱脱等：《金史》卷七《本纪第七》，中华书局，1975年，第172页。

[5] 姚奠中主编，李正民增订：《元好问全集》卷二十七，山西古籍出版社，2004年，第578页。

[6] ［元］脱脱等：《金史》卷一百三十二《逆臣》，中华书局，1975年，第2823页。

[7] ［元］脱脱等：《金史》卷一百三十二《逆臣》，中华书局，1975年，第2823页。

[8] ［元］脱脱等：《金史》卷八《世宗下》，中华书局，1975年，第183页。

基于 1183 年就已去世，而立石为大安三年（1211 年），虽名字及其亲属关系高度重合，但显然不是一人。

武德将军，武散官名，金始置，正六品下。《金史·百官志》中武散官条有载："正六品上曰武节将军，下曰武德将军。"[1] 关于武德将军，《金史·夹谷胡剌传》中有："夹谷胡剌，上京宋葛屯猛安人……有战功，授武德将军，袭其父谋克。"[2] 北京市门头沟龙泉雾村洪智寺曾存有一方金代武德将军尊胜经幢，考墓主不仅任职过中京曲院监，还担任过德州曲酒监。[3] 大邦基曾任单州单父县令。《金史·地理志》有："单州，中，刺史……户六万五千五百四十五。县四：单父有栖霞山、泡沟。"[4] 金朝委任县级官员有多种途径，其中包括进士考试、武举选拔、经童推荐、军功提拔、恩荫授官、吏员晋升、世袭继任等途径。[5] 推测墓主弟弟大邦基或为军功出职。《金史·选举志》文武举曾有："武散官，谓之右职……右职则军功为优"。[6]《金史·选举志》中并未提及大安年间与军功相关的内容，最后记载有"章宗大定二十九年（1189 年）……女直人昭信校尉（武散官，正七品）以上者，初下簿，二下令，三中令，四、五上令。"[7] 以上可看出，有军功的女真贵族在担任正七品以上武散官后的第二任就可为县令。结合单州级别，大邦基大安年间已担任中县令。假设恩荫授官，"……二十六年（1186 年），制迁至宣武、显武始令出职"。[8] 即需要达到从五品的官阶，方可担任县官职务，故排除。选举志中还提到泰和元年，县令缺额少，散官要达到明威将军（正五品）才授县令，而到了卫绍王大安元年，初入上中下县令的还要再担任一任丞簿。"泰和元年……右选官见格，散官至明威者注县令……卫绍王大安元年，以县令阙少，令初入上中下令者，与其守阙可令再注丞簿一任……"。[9] 大邦基在大安三年已为中县令，而散阶还为正六品，推断其在泰和元年之前就已成为县令。

（三）出土地及相关史实

关于其出土地"葆台"，《析津志》中载"葆台在南城之南去城三十里，故老相传明昌时李妃避暑之台，无碑志，有寺甚壮丽，乃故京药师院之支院"。[10] 与墓幢同时出土的还有汉白

[1] ［元］脱脱等：《金史》卷五十五《百官一》，中华书局，1975 年，第 1221 页。

[2] ［元］脱脱等：《金史》卷八十六《夹谷胡剌传》，中华书局，1975 年，第 1924 页。

[3] 马垒：《龙泉雾金代武德将军尊胜经幢考》，《东北史地》，2013 年第 1 期，第 54 页。

[4] ［元］脱脱等：《金史》卷二十五《地理中》，中华书局，1975 年，第 591 页。

[5] 李方昊：《金朝县官选任制度考论》，《史学集刊》，2013 年第 2 期，第 110 页。

[6] ［元］脱脱等：《金史》卷五十二《选举志二》，中华书局，1975 年，第 1157 页。

[7] ［元］脱脱等：《金史》卷五十二《选举志二》，中华书局，1975 年，第 1166 页。

[8] ［元］脱脱等：《金史》卷五十三《选举志三》，中华书局，1975 年，第 1178—1179 页。

[9] ［元］脱脱等：《金史》卷五十四《选举志四》，中华书局，1975 年，第 1195 页。

[10] ［元］熊梦祥著，北京图书馆善本组辑：《析津志辑佚》，北京古籍出版社，1983 年，第 104 页。

玉残观音坐像、菩萨头像等佛教文物，这里应是一处皇家避暑场所和佛教寺院。将墓幢立于此，其原因推测一为金中后期，大量女真人涌入中都地区，大氏兄弟祖父辈可能是海陵王迁都燕京后，从金上京迁至金中都的，中都算是第二故乡；二为立石于金大安三年（1211年），同年二月蒙古伐金，四月金向蒙求和未成，"我大元太祖法天启运圣武皇帝来征。遣西北路招讨使粘合合打乞和。"[1] 八月，野狐岭之战，九月蒙军攻占金中都，"千家奴、胡沙败绩于会河堡，居庸关失守。禁男子不得辄出中都城门。大元前军至中都，中都戒严。"[2] 大邦基可能因战争原因回到中都备战，而金中后期，社会动荡，无论是女真贵族还是平民百姓，多虔信佛教，于是在此立幢。

四、墓幢经文考释

（一）归命同大悲心

经幢自唐兴盛以来，幢上大部分刻与佛经有关的内容，一般分为三类：仅刻《佛顶尊胜陀罗尼》、《佛顶尊胜陀罗尼》与其他经咒并刻、刻其他经咒。其中以刻《佛顶尊胜陀罗尼》为数最多。《石经》云："中国经幢无数，其中十之七、八皆是尊胜陀罗尼。"单刻《大悲心陀罗尼》在金代经幢考古发现中较为少见。笔者初始考《归命同大悲心陀罗尼》时，并未发现有该佛经的名字，后推测此标题似可分为三部分：即"归命""同""大悲心陀罗尼"。"归命"是佛教的专业术语，对应梵语"南无"。翻译成汉语为"归命"。这一词汇涵盖了三重意义：首先，将自身的生命归属于佛陀的意义；其次，表示顺从佛法的教义和指引的意义；最后，意味着生命的根本回归于内心的本源。[3] "同"，笔者在此理解为"同体""同身""同命"，即我的身体、思想、生命都统属大悲心陀罗尼。《大悲心陀罗尼》，即现时流通的《大悲咒》，全称为《广大圆满无碍大悲心陀罗尼》，源自《千手千眼观世音菩萨广大圆满无碍大悲心陀罗尼经》。现行的《大悲咒》先后有四译，唐不空的八十四句译本流传甚广。房山石经中伽梵达摩、不空、慈贤的译本均有发现，保存状态完好。其中不空译本刊刻过两次，一次在金大定六年（1166年），为藏外单行本，有"太宗皇帝外甥德妃徒单蒲剌真谨施净财，敬造《大悲心陀罗尼》碑二片"的题记，原藏压经塔下。[4]

猜想立石之人选择《大悲心陀罗尼》原因：一为辽金时期随着佛教的盛行，虽《佛顶

[1] ［元］脱脱等：《金史》卷十三《卫绍王》，中华书局，1975年，第293页。
[2] ［元］脱脱等：《金史》卷十三《卫绍王》，中华书局，1975年，第294页。
[3] 丁福保：《佛学大辞典》，上海书店出版社，1991年，第796页。
[4] 任杰：《房山石经中保存的契丹国慈贤译经》，《法音》，1985年第1期，第36页。

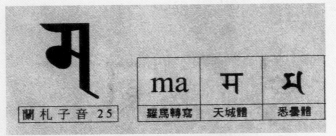

图 3 以梵字母 "ma" 为例，三字体对比图（选自林光明著《兰札体梵字入门》）

尊胜陀罗尼》还占主流地位，但经幢上开始出现其他佛经，如《金刚经》《大悲咒》和真言等；二为受墓幢规格限制，刻经咒空间有限；三是将此咒功效结合当时社会背景来看，与《佛顶尊胜陀罗尼》强调的"破地狱"功效相比，《大悲咒》更有"圆满一切心愿的神咒"之称，其可以消除罪过、劫难、业障，获得平安、快乐、圆满。《大悲咒》中有"临命终时。十方诸佛皆来授手。欲生何等佛土。随愿皆得往生。"即：诚心念《大悲心陀罗尼》，在临终的时候，东南西北四维上下的佛都会来接你，随你所愿往生你想要去的净土。立幢时间为金中后期，金夏交恶，蒙古入侵，辽东叛乱，细数 1211 至 1213 年，蒙金交战近十场；立石为大安三年八月，同月，野狐岭一战决定了蒙古与金朝双方命运，立石人希望亲人死后免受痛苦，祈求冥福，化解现实中的痛苦、悲伤，圆满一切心愿。

（二）梵文经咒

辽金时期佛教盛行，梵字经幢较为流行。梵字经幢主要有两种形式，一是经文、造幢记全部以汉文写成，《陀罗尼》部分采用"梵汉对照"[1] 形式，如建于金大安二年（1210 年）三月宗主大师塔（墓幢），两面题记，六面刻汉字梵文相间《佛顶尊胜陀罗尼》经文；[2] 另一种方式是只使用梵文来书写《陀罗尼》部分，"大公墓"陀罗尼幢属于后者。梵文字母书体中最具代表性、影响较深的有三种，即：悉昙体、兰札体和天城体。悉昙体形成时间最早，其字形美观圆润，近似大篆；兰札体主要盛行于西藏地区和尼泊尔，通常被绘制或雕刻在佛寺建筑的重要位置，例如门楣、梁枋、壁画以及转经筒等处，其字母形态笔画直，棱角尖，易与藏文字母混淆；天城体是三者中最为流行的梵文书体，目前所说的梵文一般都指天城体，其字形没有兰札体的直尖棱角，有顶线，多为横写，近似行楷。从字母形态来说，"大公墓"陀罗尼幢上梵文为悉昙体（图 3）。

墓幢上梵文竖刻 5 列，每列满刻 9 字，共 45 字梵文。均与《大悲心陀罗尼》不同版本字数不符，起初猜测为《大悲心陀罗尼经》中的经咒部分。墓幢上的梵文第一个梵文字母音译为：Om（唵），笔者查阅《大悲心陀罗尼经》梵文字母版，将其中以 Om（唵）为起始的梵文部分与墓幢上的梵文进行了比对，发现后续梵文并不完全一致。后又参考辽金时期有"梵汉比照"的经幢尝试翻译，均未成功。在翻译过程中笔者了解到对于佛经的经咒部分，有"音译不意译"一说，于是又查阅关于《大悲咒》相关文献，发现其流传过程中因出现一些传抄错误和听闻上的错误，幢上梵文已不能确定是否为正确的版本。同时，信仰者根据诉求的不同将不同作用的经、咒文段混合在一起刻于幢身以达到祈求的目的，如云南省《大理

[1] 刘淑芬：《灭罪与度亡——佛顶尊胜陀罗尼之研究》，上海古籍出版社，2008 年，第 82 页。
[2] 北京市文物局：《北京辽金史迹图志（上）》，北京燕山出版社，2003 年，第 256 页。

杨俊昇墓碑》梵文碑刻标有汉字《佛顶尊胜陀罗尼神咒》，但在解读时发现全部碑刻中反复出现诸如《般若心经》的结尾咒语或是破地狱真言等简短咒语拼接在每段经咒结尾。[1] 所以，该幢上是否为《大悲心陀罗尼》的经咒，笔者存疑，鉴于对梵文的认识有限，梵文译释有待梵语专家考证。

"大公墓"陀罗尼墓幢是金代北京地区珍贵的石刻文物，具有重要的历史价值和学术意义。对此墓幢的研究为我们深入了解金中后期的政治、经济、文化提供了参考。首先，通过对墓主和立石人的考证，我们可以了解金代姓氏文化、家族渊源；其次，金代官员选拔标准、晋升途径以及官员职责，对我们深入了解金代政治制度和管理机制具有重要的参考价值；同时，这件墓幢的发现和研究对填补金史中有关卫绍王时期史料的不足具有重要意义。卫绍王是金中后期一位重要统治者，然而，有关卫绍王时期的史料相对较少，而这件墓幢的出土为我们提供了宝贵的文字资料，有助于还原当时的历史场景和政治风貌；此外，墓幢出土地为我们还原金代的社会地理环境和文化背景提供线索，对研究当时的城市发展和地域文化变迁有重要意义。而对墓幢中所刻经文的考证，对研究金代中晚期的丧葬风俗和佛教信仰也具有重要价值，为我们了解当时的宗教信仰和文化传承提供珍贵的线索。

[1]　张文君：《云南遗存城体梵文释读》，陕西师范大学 2015 年硕士论文，第 58 页。

从大葆台出土金代菩萨坐像看佛衣璎珞的汉化

程扉 赵芮禾（北京考古遗址博物馆）

一、大葆台出土金代观音坐像

大葆台汉墓出土金代观音坐像，通高 60 厘米，底座高 20 厘米，坐像高 40 厘米，底座周长 236 厘米。出土于金代建筑遗址之中。通体使用汉白玉雕成，周身花纹雕刻精美，头部缺失，断一只手臂，结跏趺坐于莲花宝座之上[1]。

大葆台出土金代观音坐像虽缺失头部，但服装配饰以及躯体形态的刻画都十分清晰且生动，侧面表现了金代造像的艺术特征与发展风格。观音双肩披佛衣，左肩刻画有云纹，手臂回拢处可看到帔帛环绕周身，腰部有织物打结的系带，腿间有一绶带自然下垂，并于下端打结，腿部有织物交搭产生的皱褶，贴合身体。观音双腿交盘打坐，左掌置于其上。右足置于左股之上显露在外，左足置于右股下隐藏于内。

除服装织物外，观音坐像周身还饰有造型丰富的璎珞，其颈部、胸前、腹部、腿部都有珠串与缨穗的刻画。观音像颈部的短璎珞由两段珠串和三条长珠串组合而成，在三条长珠串之间，各饰一条珠串短璎珞。两侧的长珠串由形状均匀的宝珠刻画而成，形成了腹部的 U 形长璎珞，颈部中间为一条由珠串与缨穗形成的长璎珞，由胸前垂至莲花宝座上，并与腹部中心的 U 形璎珞相连。观音通身璎珞由腹部中心点发散，左右腿部也各饰一条由珠串和宝珠组合而成的长璎珞。根据文献得知，金代佛造像中对于璎珞的刻画主要以胸饰璎珞和通身璎珞两种为主，大葆台出土金代观音坐像中所饰珠串式通身璎珞正是承袭北宋时期璎珞汉化的风格体现，整体造型趋近于本土化，复杂而华丽。

通过对佛造像服饰造型的演变与汉化过程的研究可以发现，佛衣的汉化拥有较为显著的特征，从犍陀罗式佛衣到汉式佛衣的变化可看到本土融合的迅速。而璎珞作为佛衣配饰的重要组成部分，演变汉化的规律具有循序渐进的特征，可通过对比发现璎珞图像的演变随时间推进而不断变化。

二、佛衣的流传与汉化

作为约束僧团戒律行为的佛衣开始依循规制的衣着样式，也是佛教造像艺术中反应流变的重要特征之一。佛陀规定僧众应由内至外着佛衣，《十诵律》卷八《明三十尼萨耆法》中载："衣名三衣，若僧伽梨、若郁多罗僧、若安陀会。"[2] 材质以棉、麻、绢、毛布等为主[3]。据律典记载，大衣僧伽梨尺寸最广，下衣安陀会尺寸最小，中衣郁多罗僧尺寸介于僧伽梨与

---

[1]　北京市大葆台汉墓博物馆：《大葆台汉墓文物》，文物出版社，2015 年，第 116 页。

[2]　[后秦] 弗若多罗、鸠摩罗什译：《十诵律》卷二十七，《大正藏》第 11 册。

[3]　费泳：《中国佛教艺术中的佛衣样式研究》，中华书局，2012 年，第 21 页。

安陀会之间。佛三衣是佛陀在寒夜中进行御寒试验所得。

以古印度造像艺术的犍陀罗地区为例，犍陀罗造像中所刻画的佛衣材质较厚重、衣纹写实，其披覆形式主要有通肩式和袒右式两种。[1] 其中通肩式佛衣出现较多[2]，三衣中僧伽梨尺寸最广，披覆于左肩，使其通身形成V形褶皱，遮盖住中部的郁多罗僧与下衣安陀会。而袒右式佛衣则表现为显露里层的僧祇支，袒右披覆遮盖上身。

佛教于两汉之际传入中国，经过了魏晋南北朝时期佛教与中国本土文化的融合发展，由隋唐时期开始，佛教逐渐由上层转向本土化与民间化，逐渐形成了独具特色的佛教体系。中国佛造像中的佛衣表现形式既结合了早期古印度不同佛教造像文化风格，又与本土文化相融合，从而使佛衣样式和细节特色等方面发生了汉化。

通过观察可以得出佛衣制式大致可以分为三类：

（1）着覆肩衣外披袈裟式：覆肩袈裟＋僧祇支[3]＋覆肩衣＋涅槃僧（裙）[4]。

（2）双肩帔帛式：帔帛＋僧祇支＋络腋（天衣）＋短裳＋涅槃僧＋革带。

（3）其他个别现象。[5]

前两类的帔帛与覆肩衣是数量最多的两种服饰表现形式。

着覆肩衣外披袈裟式的菩萨装，是菩萨装中最为常见的，大葆台出土的金代菩萨坐像就是属于此种类型。原本赤裸上身着帔帛的形象在此服饰中已经荡然无存，并在宋元时逐渐定型，成为明清时期菩萨着装的典型形式。

双肩式帔帛，是较多保留印度菩萨特征的一种装扮，但仍与印度菩萨装存在诸多不同之处，上身服饰层数增多，帔帛装的菩萨们将络腋、帔帛、僧祇支三者并用，一改早期上身大部分裸露于外而斜穿络腋，或只着帔帛的现象，而是将三者层层叠加，这种现象的产生是宋之后菩萨服饰写实性和世俗化的延续和发展。

帔帛在中国女性服饰史上始终占有一席之地，又称披帛，或帔。孙机先生认为唐代的帔帛就是"从西亚通过佛教艺术的中介传入我国的"[6]。这就与佛教造像及壁画中体现出的帔帛佩戴形式有异曲同工之处。传世画作中，仍可见不少女性形象都搭有帔帛。用金银粉绘花或是夹缬等印染在薄纱或罗等轻薄的织物上，从胸前或者背后环绕披搭肩上，然后再旋绕于手臂间。

西域是佛教文化传播至中国最早的地区，两汉时期沿丝绸之路传入中国后，此时佛教造像艺术深受古印度风格影响，从莫高窟等石窟造像可知唐之前的诸多造像带有浓郁的印度风

[1]　张婉莹：《北朝时期敦煌石窟佛教服饰研究》，北京服装学院 2020 年硕士论文，第 13 页。

[2]　陈悦新：《印度佛衣样式的汉化演进》，《大足学刊》，2020 年第 12 期，第 158 页。

[3]　"僧祇支"意译为掩腋衣、覆腋衣、覆肩衣。它是长形衣片，着于袈裟之下，穿法是从左肩缠到右腋之下。

[4]　"涅槃僧"梵语 niva^sana。音译泥缚些那、泥洹僧。意译作裙。十三资具衣之一，似尼众五衣中之下裙而稍异。

[5]　孙培彦：《元明清水陆画中人物服饰及织物纹样研究》，浙江工业大学 2015 年硕士论文，第 68 页。

[6]　孙机：《中国古代物质文化》，中华书局，2014 年。

格，中性化的服饰更贴近古印度神像的装饰；宋元以后造像及壁画中的佛、菩萨等服装造型则更贴近现实穿着，佛衣层数逐渐增加，佛衣样式和细节特色等方面也迅速地向世俗化进行转变。

三、璎珞的起源与发展

璎珞在佛教文献中有记载，据《佛所行赞》卷一所载，释迦牟尼佛在尚未脱离俗世，位任太子之时，就是"璎珞庄严身"的。通过文献可以得知，璎珞一物并非最早应用于佛教，而是古印度世俗社会中贵族的等级礼服。不过因为佛祖释迦牟尼出身于古印度皇族，于是带有本地区风俗形制的礼服演化成为了宗教中诸佛菩萨的法衣。

唐代玄奘在《大唐西域记》卷二"衣饰"条中，记载了其赴古印度求佛法，亲身所临，无论男女，都可"首冠华鬘，身佩璎珞"。特别是贵族："国王、大臣，服玩良异：花鬘宝冠，以为首饰；环钏璎珞，而作身佩。"

佛教东传至中国，由最开始并未有佛造像祭拜习俗至魏晋之后大规模的开凿佛像，这期间大量吸收了南亚次大陆地区秣菟罗与犍陀罗时期的造像风格，佛像开脸与服饰风格全然吸收了古印度的贵族服饰、装束。这一时期的璎珞主要体现在佛像颈部[1]，还有大量佛像并未有璎珞装饰身体。

"隋唐时期我国佛教艺术中佛、菩萨、诸天等造像姿态多变，雍容恬静，衣服纹饰更为华丽。"[2] 由隋唐至宋元，诸佛菩萨的服饰装扮日趋中原化。但在此时，只有菩萨装汉化居多，罗汉、地藏王等仍多以僧人法衣展现。诸天菩萨因其慈悲、智慧等因素，是佛教东传中最快被普通民众所接受的，也因此在造像中属于最早一批造型汉化的神佛。

宗教艺术并非脱离于世俗艺术而独立存在的，因此佛教中神佛的穿戴与世俗贵族的服饰是对应的，并且在汉地发展传播的过程中逐渐汉化。在古印度的"帝释天和大梵天、月天和日天，通常都佩戴宝冠、胸前佩戴璎珞、宝带等作皇帝、皇后的装扮；有些女神形象如摩利支天、吉祥天女等，在部分造型中佩戴由耳珰、腕钏等组成的璎珞；伎乐天、供养菩萨、飞天等佛众的服饰也越来越华丽，从佛众服饰在我国的发展来看他们也将会开始佩戴璎珞"[3]。

宋元以后，艺术家们又根据时人的意愿希求，自创风格，塑造了一大批诸如白衣观音、鱼篮观音、水月观音等以日常生活中妇女形象为表现对象的观音菩萨宝像，从而在题材上进一步向现实靠拢，比唐代更为写实与世俗化。菩萨穿着渐多，慢慢掩饰了原有的随身庄严的

[1]　张家奇：《莫高窟初唐时期壁画中的菩萨服饰分析》，《服饰导刊》，2019 年第 6 期，第 62 页。

[2]　张茵：《璎珞小考》，《装饰》，2005 年第 8 期，第 38 页。

[3]　白化文：《璎珞、华鬘与数珠》，《紫禁城》，1999 年第 1 期，第 32 页。

璎珞，衣饰质朴清纯、厚重有力，注重真实性和生动性，显得亲切而平易近人。尽管卸去了华装盛饰的服饰风格，较之唐代略有改变，但菩萨面相基本没有变化，依然不乏端庄秀丽。这时期的菩萨像已经彻底转化为中国本土化风格。大葆台出土的菩萨坐像服饰正是宋金时期佛像服饰汉化的产物。

四、璎珞的汉化过程

璎珞在古代中国佛像壁画中多有出现，按照时代的发展顺序可见璎珞流行款式的变化为：造型由简到繁，配饰由朴实到华丽，佩戴部位也由颈部向下蔓延。

甘肃敦煌、山西云冈、河南龙门三地的佛教造像艺术完整记录了佛教东传至中国的历史轨迹以及本土化、世俗化的过程，而璎珞作为菩萨庄严身的配饰，其在佛造像中是最有宗教性与艺术性的代表物品之一。

（一）早期——魏晋南北朝

敦煌作为早期与佛教文化相互影响的地区，莫高窟石造像最早沿袭了古印度的宗教与艺术风格。北凉时期菩萨璎珞主要佩戴在颈部与胸部，颈部所佩戴的短璎珞多为项圈式或盘状式 [1]，造型多变；中璎珞略长于短璎珞，为胸部至腹部的装饰，表现形式则较为简单。

以北凉时期莫高窟的代表洞窟——275 窟为例，两尊菩萨造像皆佩戴有坠饰的盘状式短璎珞，其中西壁交脚弥勒菩萨像佩戴简单 U 形璎珞；南壁双树圆拱龛菩萨佩戴配有圆珠装饰的中璎珞。两尊菩萨皆为坐姿，赤裸上身，腰系长裙，交脚弥勒菩萨像面部浑圆，双足相交；双树圆拱龛菩萨的面部刻画有胡须，相较于前者则更具有西域特色，交叉盘坐，此时期造像整体风格、服饰与璎珞均受到了古印度宗教文化的影响，带有浓重的西域色彩。

莫高窟佛造像的古印度宗教文化影响主要来自于龟兹、高昌等地区。佛教经过龟兹、高昌等地一路传到敦煌 [2]，以龟兹地区的早期库木吐喇千佛洞遗存壁画为例。其中 2 号窟主室顶部供养天壁画是早期龟兹壁画艺术中的经典之作，刻画的多尊菩萨皆佩有三条璎珞，前胸璎珞由宝石与圆珠组成，腹前璎珞由宝石与坠饰组成，最长的璎珞则由多条珠链排列组成，菩萨面部皆刻画有胡须、细眉，整体造型极具外来艺术风格。

北魏时期，云冈石窟佛教造像处于由印度、西域风格向汉族风格变化的转折期 [3]。早期

[1]　徐胭胭：《璎珞——以北朝至唐前期莫高窟菩萨璎珞为中心》，北京服装学院 2011 年硕士论文，第 19 页。
[2]　洪宝：《7—8 世纪库木吐喇石窟的汉风壁画研究》，《美与时代（中）》，2020 年第 5 期，第 107 页。
[3]　刘芳：《云冈造像服饰研究回顾及拓展范畴——以造像服饰的世俗特征为视角》，《云南艺术学院学报》，2020 年第 2 期，第 107 页。

云冈石窟的佛造像艺术形式具有鲜明的外来文化特点，迁都洛阳后孝文帝大力推行汉化政策，云冈石窟的艺术形式也逐渐向汉化演变。云冈石窟第 13 窟为中期开凿石窟，其中明窗东壁菩萨颈部佩有坠饰的盘状式短璎珞，与北凉时期莫高窟佛造像佩戴璎珞相似，不同的是菩萨胸前璎珞中增加了双兽胸饰，一条扁珠与圆珠串成的 U 形长璎珞压在胸饰之上，设计十分精巧。菩萨面相丰润，造型清秀，帔帛飘逸，此时佛造像造型已能看出部分本土特色。

（二）中期——唐宋时期

璎珞作为宗教色彩浓厚的专用饰物东传至中国，经历了各朝代本土的世俗影响，唐时期有了较为明显的变化，璎珞风格也变得复杂华丽。这一时期是璎珞装饰本土化的演变期，出现了不同的款式。隋唐时期佛像璎珞流行款式造型复杂，多为通体交叉式长璎珞，在西夏时期出现了斜挂式长璎珞。

唐时期盘状式璎珞与前期相比较少出现，中璎珞逐渐消失，取而代之的是更为华丽的长璎珞。莫高窟第 57 窟南壁胁侍菩萨的颈部、前胸、腰部皆佩戴多条宝石链组成的璎珞，其中颈部以及前胸两条璎珞中心都嵌有较大的莲花宝石，前胸璎珞下的串饰物左右两端各挂有两串垂挂来连接左右大臂的臂钏，整体造型精美华丽。此时菩萨所穿服饰也与北魏时期的简约风格大不相同，此时期的佛造像服饰与配饰受唐代风格影响颇深，展现出了华贵精致之美。

当佛教文化逐渐到达中原地区，此时龙门石窟正是中国本土宗教与外来宗教的相互交融作用下的多元化体现。如奉先寺文殊菩萨像颈前佩戴的珠玉装饰短璎珞与垂坠至腰部以下的"交叉式"长璎珞。唐代是璎珞发展的鼎盛时期，此时的璎珞已不局限于宗教范围，皇室与贵族已经把璎珞作为日常的装饰品，文殊菩萨所佩戴的璎珞，正是接近于唐代改良后的璎珞样式。

地处各大政治势力之间的西夏王朝，汇集四方文化于己身 [1]。此时被西夏王朝统治的敦煌地区佛造像艺术与中原风格有所差异，莫高窟第 465 窟窟顶南坡供养菩萨佩戴着有坠饰的斜挂式璎珞，与前文中出现的璎珞有所不同。除了璎珞配饰，菩萨面部眉棱高广、下颚突出，手心、足心皆涂有朱砂，交叉盘坐，手持莲花等特征都展现了外来文化风格，此时期佛造像艺术同时结合了藏传佛教、汉传佛教、古印度文化、西夏文化等多种风格。而统治中国北方疆域的金朝佛造像已经彻底转化为中国式的本土化风格。受辽与宋的影响，佛教在金代盛行，大葆台汉墓金代遗址出土的观音坐像通身璎珞，正是宋金时期佛造像汉化的产物，其服装形式也更多沿袭了唐代的风格。

[1]　齐庆媛：《金代与西夏菩萨像造型分析》，《故宫学刊》，2014 年总第 11 辑，第 32 页。

（三）晚期——明清时期

到了明清，佛教造像更加世俗化，其中菩萨造像服饰的演化最为明显。这一时期的璎珞造型已经非常的固定，形成了模式化的佛像装饰物。法海寺水月观音壁画正是明代佛教束的体现，壁画对于佛像服饰的刻画最为细致，刻画的发冠、臂钏、璎珞等装饰物中璎珞是最为抢眼的。观音颈部、前胸至腰腹部皆佩戴璎珞，镶嵌众多珠玉宝石，显得十分珍贵华丽。从造像面容上来看，观音像已是仿照中国女性的身材容貌，从观音的整体服饰搭配中可以看出观音所穿服饰已趋近于本土风格。

五、结论

佛教东传的时间在史学界仍有讨论，但是佛造像在中国历史上确实经历了明确的汉化过程，其中就包括面部塑形与服饰造型方面。大葆台金代观音坐像虽缺失头部，无法从其发髻与宝冠等艺术特征来进行观察，但从其服装配饰以及躯体形态的刻画也不难看出金代造像的艺术特征与发展风格。

从佛衣服饰来看，观音所饰服装层数增加，双肩披佛衣，手臂环绕帔帛，除此之外，腰部织物打结的系带，以及腿间自然下垂的绶带等服装造型均更贴近现实穿着，具有汉化特征。从璎珞配饰来看，金代佛造像中对于璎珞的刻画主要以胸饰璎珞和通身璎珞两种为主，而大葆台金代观音坐像周身饰有珠串式通身璎珞，复杂而华丽，整体造型趋近本土化，这正是承袭北宋时期璎珞汉化的体现。

金中都水关遗址保护历程回顾与思考

王群（北京考古遗址博物馆）

1151 年，金海陵王完颜亮下诏迁都中都（改燕京为中都，府曰大兴，地址在今北京城西南部）。据史料记载，金中都在辽南京城的基础上扩建，征用民夫 80 万，兵夫 40 万，至天德五年（1153 年）营造而成，是当时具有空前规模的城市。1215 年金中都被蒙古军队攻破，城池完全被毁，虽然金中都仅存 62 年便毁于战火，但它开启了燕京的繁华。从此 1153 年成为北京作为国都的肇始之年，至 2023 年历经 870 年，这期间元、明、清及新中国均建都于此。而今，除仅存三处数米长的夯土城墙外，金中都城的地上遗迹几乎无处可寻。1990 年 10 月，金中都水关遗址被发现，成为北京建都的重要历史见证。

一、金中都水关遗址概况

金中都水关遗址位于北京市丰台区右安门外玉林小区甲 40 号。地理坐标为东经 116°21′15″，北纬 39°51′70″。遗址东距玉林东路约 72 米，西距玉林南路约 330 米，北距南二环约 600 米，南邻凉水河北侧 50 米。

水关遗址为南北方向，北部为水关入水口，南部为出水口，河水由城内从北向南经过城墙下的水关流入护城河。现存水关建筑上半部分已被破坏，遗留下保存比较完整的建筑基底。遗址平面呈"][''形，全长 43.4 米，过水地面石长 21.35 米，两厢石壁间距 7.7 米，石壁两端与摆手相接处略宽，分别为 8.3 米和 8.45 米。两厢石壁长 18.7 米，残高最高处 1 米。摆手为"八"字形，北面入水口宽 11.4 米，南面出水口宽 12.8 米。在摆手外端有石砌驳岸，驳岸残长 2—4 米不等。在摆手和过水地面石两端钉有一排密集的擗石桩，在出水口南侧钉有两排相互交叉的固定水关基础沙层的护桩。

遗址保护的构成部分包括：金中都水关现残留部分及考古关键柱。遗址本体由过水涵洞底部、涵洞两厢石壁、进出水口摆手及城墙基础夯土四部分组成。其中：过水涵洞底部由过水地面石、地钉、银锭榫、衬石枋、擗石桩构成；涵洞两厢石壁由石板、地钉、银锭榫、衬石枋构成；进出水口摆手由石板、银锭榫、衬石枋、擗石桩构成；城墙基础夯土位于遗址中部西侧，主要由人工夯土构成。关键柱位于遗址过水涵洞南侧，是 1991 年遗址发掘时保留的文化层剖面，因对全面了解水关遗址的历史具有重要作用所以一并保护。

二、遗址保护历程

自 1990 年 10 月金中都水关遗址被发现至今，回顾三十余年的遗址保护历程可以分为三个时期：建馆保护时期、被动保护时期和系统化保护建立期，三个时期开展的工作和遗址病害的产生、发展和治理不但紧密联系又互为因果。

（一）建馆保护时期

1990 年 10 月金中都水关被发现，虽然至 1991 年 6 月水关遗址才全部揭露出来，但 1991 年 2 月 10 日《中国文物报》（总第 220 期）就已公布金中都水关遗址的发现，以其"保存完好、规模宏大，是研究金代建筑工艺水平、解决金中都城内水系流向问题的重要实物依据"为 1990 年全国十大考古发现，而为了保护遗址，北京市政府于 1990 年 12 月就做出了建立博物馆的决定，可见当时北京市政府对金中都水关历史文物价值十分重视且相关保护行动非常高效。

从决定建馆保护到 1995 年 4 月 23 日北京市辽金城垣博物馆开馆，在遗址发掘时，就对遗址本体存在的残损问题进行了研究分析并制定了保护措施。1994 年 6 月，博物馆建设过程中，由中国文物保护技术协会北京精文文物科技开发有限公司针对遗址本体实施了保护工程，开馆前对遗址基址的流砂层和城墙、夯土基础进行保护加固；对木构件进行了加固和防霉处理、对铁制构件进行了防锈保护、对石质构件进行了防风化保护并对遗址进行了整理复原工作。这些保护措施在一定程度上延缓了遗址加剧残损的出现。

这一时期，建馆保护有效缓解了人为及自然因素对遗址的直接影响，但由于受当时财力、人力及时间紧迫性等因素影响，无法满足博物馆在遗址保护上的所有需求，最大的缺憾是：在环境改变对遗址的影响上缺乏深入的研究和认识，对遗址的保护缺乏系统性。

关于建馆保护，辽金馆的第一任馆长赵福生 15 年后（2006 年）曾在上海志丹苑水闸遗址建馆保护的论证会上提出"挖完以后先做保护工作，保护规划通过审定以后，再设计博物馆的建馆方案"的建议是经过深刻反思的。随着国家和文物保护事业的发展，参看志丹苑遗址建馆时的方案，已建立在充分论证和针对遗址保存状况的特点和保护需求之上：一是制定了岩土地质工程保护方案，考虑并从根本上防止遗址结构下沉、回弹、变形等问题；二是明确认识到与通常的岩土工程有很大的不同，对遗址疏干比对普通基坑疏干要求要高得多且效果上必须长期保持稳定可靠，同时被疏干的地下水不是普遍意义上的地下水，除重力水外还涉及毛细水和部分结合水；三是对遗址木结构从树种到含水率等方面的研究较为全面，确定了遗址由"湿态"向"干态"保护过渡的目标。（志丹苑遗址 2001 年 5 月发现，2009 年建馆保护）而此时的金中都水关遗址由于没有系统化的保护，未采取遗址基础疏干排水措施，在自然保护方式下深埋于地下土壤中的木桩长期保存在"湿态"下，暴露部分保存在自然空气中，同一木构件长期保存在上下两种环境中，暴露部分木构件经常发生霉变，遭到病损，致使遗址在此后的保护过程中相关险情难以根除。

（二）被动保护时期

　　从 1995 年正式开馆到 2009 年的 15 年间，遗址保护工作的主要基调是"抢险"，因为遗址关键柱和木构件相继出现病害，从而进行了多次的关键柱保护和木构件保护工程及遗址展厅的通风除湿工程。

　　关键柱保护方面：由于关键柱因风化原因常出现砂土脱落，考虑到容易引发裂隙甚至垮塌，1995 年采用了有机高分子材料对关键柱进行了表面防风化加固，但效果不佳；2000 年 1 月对柱体悬空部位进行了支顶、裂隙灌浆，并用玻璃罩对柱体实施了围护，起到一定保护作用，但未能根本解决柱体的不稳定变化的问题；2001 年 10 月至 11 月，北京市文物研究所在敦煌保护所专家指导下对关键柱再次进行了保护加固，通过对开裂柱体的锚固、柱体东北角悬空部位的支顶、东南缺损部位的修补并对加固后的柱体进行表面防风化处理以及裂隙灌浆等保护后，关键柱未再出现明显残损加剧的现象。

　　遗址木结构方面：遗址木构件从 1991 年发掘以来，一直有腐朽现象发生，辽金馆邀请专家对水关木的腐朽结构进行治理，对木桩进行系统检查，开展了水关遗址木结构调研分析并制订了防护方案。但 1994 年为开馆而进行的文物保护工程没有彻底解决遗址木桩"生霉"问题，木桩在 1995 年开馆后的 7 至 9 月仍旧发霉并长了蘑菇。经国家文物局古建筑保护专家勘验，部分木桩"木质已成褐色腐朽，外层 20 厘米以上可用手剥落，手捻成末。木构件内部材质也同时腐朽，强度减弱，对水关保护的危害很大"，自此开始了对水关遗址木构件艰难的保护工作，1996 年 10 月—1997 年 4 月，辽金馆与中国林业科学院木材研究所合作，在对木桩检查的基础上，实施了水关遗址木结构治理工程，对暴露在地面及地表下 30 厘米以上部位的 214 根木桩进行了防腐处理；同时，对遗址的防潮方案进行了评估，并实施了水关遗址通风除湿工程。2001 年 6 月至 2004 年，再次由中国林业科学院木材研究所实施了水关遗址木构件保护工程，对遗址内暴露在外的 206 根擗石桩采用强力杀菌剂和真空吸药处理法抑止木材继续败坏，以及采用 PEG（聚乙二醇）加固液防止饱水木木质干燥时凹陷干裂，并用环氧胶粘结对其进行加固，维持原状。

　　此阶段对水关遗址的保护工作，有三方面收获：一是认识到遗址病害发展主要的成因是建馆前对遗址保护的研究不深入，保护措施不全面。通过水关遗址保护原始档案，可以看出：对遗址木结构的病害的分析证明木构件腐坏并非《建馆文物保护竣工报告》中所述是由"霉菌"造成的，而是受到木腐菌严重侵害造成；另外，1996 年也论证了对遗址环境的防水处理和通风设计不合理，这都辅证了建馆前所做的研究是不够的，为遗址保护留下了"后遗症"。二是在多次对木构件保护的研究和实践中，证实了用于 206 根擗石桩的保护方法对防腐能够起到一定的积极作用。三是建馆保护和后续的加固措施对夯土城墙和关键柱的保护起到了决定性作用，防止自然风化，是遗址保护最成功之处。

遗址保护工作在这一阶段的遗憾是没有及时或无力进行系统的保护。针对建馆的"后遗症"，辽金馆曾认识到遗址所受危害的严重性并希望进行系统的保护。由此，1996年为治理遗址病害，辽金馆提出了金中都水关遗址综合保护工程，方案包括对遗址木结构和保存环境的防水与通风的治理。但后续保护工作的开展推进却不顺利。首先是由于种种原因在1996—1997年实施的"水关遗址通风除湿工程"和"木结构抢险保护工程"只能说是整体设想的"压缩版"。后期经过使用发现，改进过的通风系统仍旧设计不合理、效果不理想；而木结构抢险保护工程只进行了一期，2001—2004年实施的"水关遗址木构件保护工程"实际上是原金中都水关遗址综合保护工程中的二期工作，时间上推迟了5年。此外，遗址保护项目中的"木结构保护"变成了"木构件保护"，从"木结构"到"木构件"，也体现了认识上的偏差——木结构是由木材为主要承受荷载的结构，而木构件指梁、柱等具体构件，这使得对遗址系统的保护转向对单种部件的保护。2005年水关遗址过水石面北侧出现一个长约3米、宽约5米的不明成因的下陷区域，并有扩大趋势，为此，辽金馆争取开展沉降监测工程，一直没有获得资金上的支持，而这种哪"坏"修哪的状况一直延续到2009年。

（三）系统化保护建立期

2010年至2012年11月开展了近三年的金中都水关遗址沉降观测工程。同年《金中都水关遗址文物保护规划》编制工作启动。两项工作的开展，是水关遗址走向系统化保护的开始。与此同时，遗址的病害继续发展，2012年11月以后，工作人员发现遗址内地面陆续出现多处沉陷小圆坑，且多发生在前期未经处理的木桩处，并且过水地面石下沉，出现了表面起伏不平的情况。由此，辽金馆委托北京国电水利电力工程有限公司对遗址的病害开展调查，并开始连续的金中都水关遗址沉降观测工程，直至2019年遗址保护工程实施。

2014年3月，《金中都水关遗址文物保护规划》终稿完成修改上报，并在2015年申报立项了金中都水关遗址保护工程。针对遗址保护工程，辽金馆协同北京市文物建筑保护设计所、北京市文物研究所进行了多方面的准备，在测绘和遗址沉降监测的基础上，为推出合理的工程方案，进行了小面积发掘，木结构辅助支撑实验等多轮论证。2018年金中都水关遗址保护工程设计方案得到国家文物局和北京市文物局的批复（北京市文物局文件京文物〔2018〕1764号），为了论证遗址保护工程的可行性，并再次进行了金中都水关遗址木构件检测及加固研究。

2017—2018年辽金馆进行了博物馆基础设施改造和整体改陈工程，在这两项工程中封闭了长期漏雨的玻璃采光顶并对漏水和产生冷凝水的消防管线进行了移除，一定程度上改善了遗址保存环境。2019年，辽金馆对遗址周边房屋地基进行防水处理，主要是针对遗址展厅的北侧和西侧墙体漏水进行处理，工程开展中查出了一处发生于雨水排水管处对遗址造成长期危害的隐蔽的渗漏点。

2019 年 6 月 25 日，金中都水关遗址保护工程开工。工程期间，由于遗址多处区域发生不均匀沉降，重新安排遗址病害成因的探研工作。经过多次专家论证，中国电建集团北京勘测设计研究院有限公司的《遗址病害调查方案》获得通过并得到国家文保资金支持，2021 年 8 月—2022 年 11 月金中都水关遗址病害调查项目完成。

回顾这一阶段的遗址保护工作，2005 年水关遗址过水石北侧石面的不明原因下沉，以及 2009 年地铁 14 号线开工建设，因担忧环境的扰动破坏遗址安全，主观推动了辽金馆对遗址沉陷成因和整体状况的探查工作，而全国文物保护单位要求编制文物保护规划，促成了对水关遗址保护向系统化转变，尤其是《金中都水关遗址文物保护规划》的编制为水关遗址系统化的保护抬高了起点。规划文本内容从总则到评估，从原则到目标，从保护、展示、管理到研究、规划与实施等，共十五章，致力于通过规划制定出全面保护金中都水关遗址的有效方法。其中第三章、第四章——价值评估（历史价值和社会科学）、现状评估（整体真实性、完整性评估、文物保存现状评估、文物主要破坏因素分析）、环境评估（保护范围内环境评估、保护范围外遗址周边环境评估）；第七章文物保护规划（保护原则、文物保护措施及要求）；第十五章规划分期与实施，其中一期实施重点（2013 —2015）与二期实施重点（2016 —2020）对此后的工作均有较强的指导作用。2017 至 2018 年的博物馆基础设施改造和整体改陈工程，2019 年的金中都水关遗址保护工程，都是按保护规划中的分期落实的。而 2022 年水关遗址病害调查项目的完成，进一步明确了病害现状情况、发展速度、可能产生的原因，增设的环境及土层多点位温湿度和震动监测等设备，将为遗址保护积累更为详实的数据。

三、水关遗址保护的思考与展望

纵观金中都水关遗址 30 年的保护工作，从建馆到逐步向系统化保护迈进，是一个不断积累和完善的过程，亦见证了我国文物保护事业的发展。这个过程是从全社会形成共识，到政府不断增大投入，从以政策、科技支撑到能力与水平提升的过程。2002 年发行，经 2004 年和 2014 年两次修订的《中国文物古迹保护准则》不但在价值认识、保护与合理利用等方面充分体现了现今中国对遗址保护的实践和认识水平，更是具有指导性和权威性的理论成果，可以作为验证遗址保护工作得失的标尺。

对照《中国文物古迹保护准则》提出的必须原址保护、尽可能减少干预、定期实施日常保养、保护现存实物原状与历史信息、按保护要求使用保护技术、正确把握审美标准、必须保护文物环境、不应重建已不存在的建筑、考古工作注意保护实物遗存、预防灾害侵袭十条保护原则，可以说在金中都水关遗址保护的过程中是全部达标的。

此外，根据《中国文物古迹保护准则》提出的保护必须按程序进行、研究应贯穿保护工作全过程、保护一切形式的真实记录、健全独立稳定的工作机制等总体要求，金中都水关遗址在保护过程中遵照了文物调查、评估、对应文物保护单位级别制订保护规划、实施保护规划、定期检查规划的几步程序实施；但是对照总体要求中健全独立稳定的工作机制以及准则中一些具体要求还有明显的差距，尤其是在专业人才缺乏、监测与建档管理和岗位责任等一系列管理机制尚不完善方面。

综上所述，通过梳理保护的历程，对金中都水关遗址30年的保护历程进行思考和评估可以归纳出：一是建馆保护起步较早，但研究不深入、不系统，建馆工作既为遗址的保护创造了有利条件又给后续的保护留下了艰巨的任务。二是在后续保护过程中，验证了木构件和关键柱保护技术，延缓了遗址病害的发展。三是在遗址保护过程中兼顾了综合利用，在价值呈现和展示体验上有所提升，但对于遗址保存环境的治理落后于遗址本体的研究和保护。四是基本摸清了遗址病害的成因，对遗址保护逐渐走向系统化。

目前，虽然保护工作仍陆续开展，但遗址保护工程的整体方案尚待确定，金中都水关遗址的病害不仅存在本身结构、材质方面的问题，还包括空气温湿度变化、土壤含水率等环境因素，也受博物馆本身建筑、保护手段等多重因素交织影响，在学术上和技术上都有较大难度。这种情形下，结合过往的保护经验和对遗址病害的认知，水关遗址的保护既要抓紧推进又须避免草率。对此，建议从四个方面开展工作：一、2014年版《金中都水关遗址文物保护规划》已期满，应尽快拟定新的保护规划，并以此为契机推动建立更加体系化和科学化的保护机制。二、确定以环境适应性保护模式为主导方向，并切分工作组块，从管理、研究和实施三个方面同时推进。三、在具体工作层面，优先完成基于遗址木结构保护所需环境参数（空气温度、空气湿度、土壤温度、土壤含水率等）总结，尽快完成环境治理；进行遗址木结构含水率控制相关实验，研究防止木结构腐朽的方法，探索木构件"干保护"的可操作性；开展与同类型遗址的横向比对研究，借鉴成熟经验。四、以最少扰动为原则，通过严格、科学地验证，实现加固支撑技术方法的突破，能可靠地控制遗址状态，为遗址保护工程的全面实施争取更多时间。

2023年是北京建都870周年，比起金中都水关遗址经历的历史沧桑，30年的保护历程虽然短暂却守护维系着首都肇始的历史脉络。值此纪念之际，期望未来的保护工作能在前期经验的基础上，更加科学完整地保留金中都水关遗址的历史信息和真实价值，并且通过展示及合理利用更好地实现文化遗产的传承。

都城肇始

引言

　　1153 年，金朝第四代帝王完颜亮将都城从上京（今黑龙江省哈尔滨市阿城区）南迁至燕京（今北京），定名"中都"，寓意居五京之中、天地之中，这使北京完成了从城到都的身份转变。金中都的建立在北京都城营建史中有着承上启下的作用，为元、明、清定都北京奠定了坚实的基础。

　　举国之力营建的中都城，有着属于它的繁华，经过八百七十年的沧桑，昔日的辉煌埋藏于历史长河中。几代考古人筚路蓝缕，不懈努力，取得一系列重大考古发现，逐渐还原出金中都城的历史样貌与城市生活。

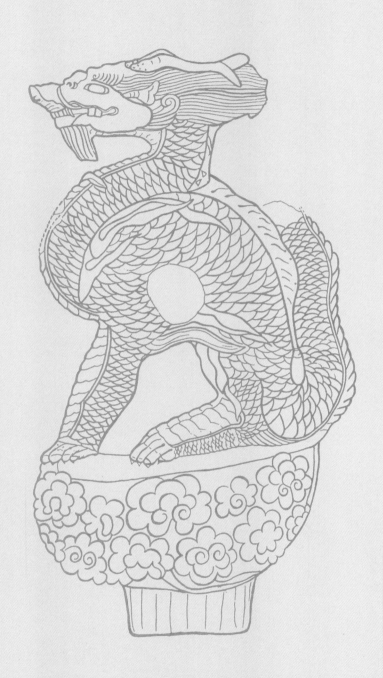

第一部分

营国建城

金帝完颜亮为了巩固皇权，
决定将都城迁至有着优越地理位置的燕京，
改燕京为中都。金中都利用辽南京城旧址及原有水系，
向东、西、南三面扩展，
仿照北宋东京模式于1153年建造而成。
金中都城遵循中轴突出、两翼对称的原则，
帝王所居之地为全城中心，
体现了王者居中的思想，对后世北京都城的布局产生了深远影响。

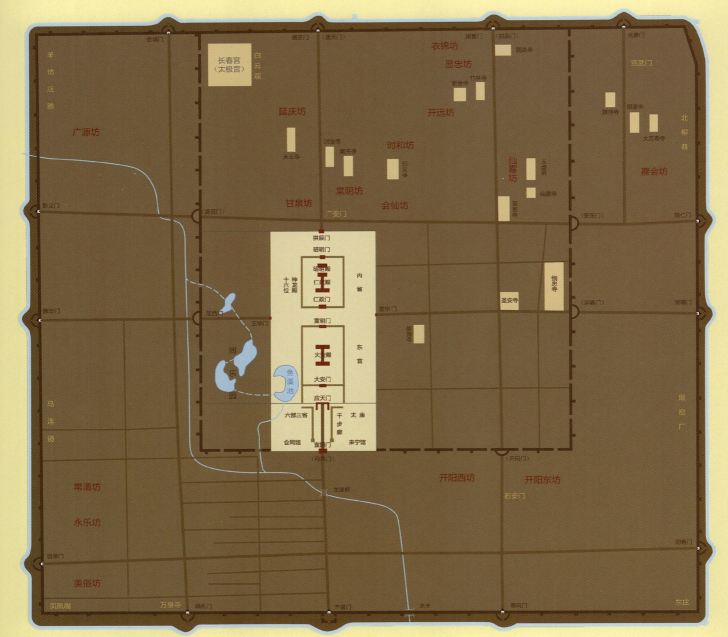

金中都城复原示意图

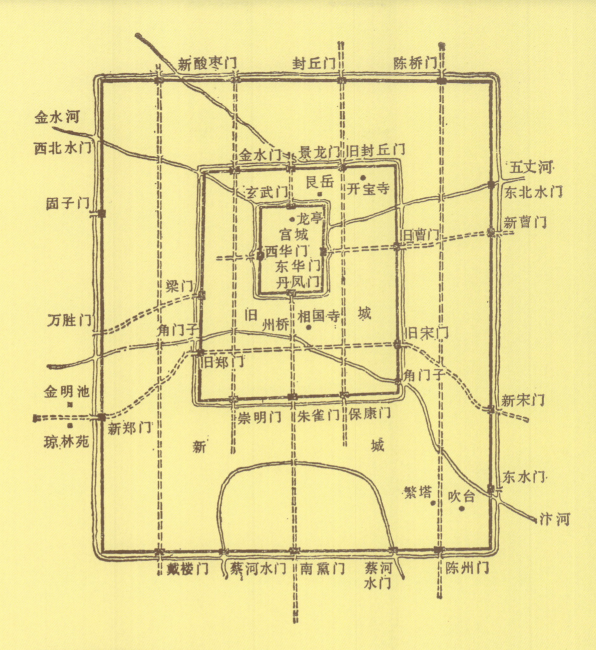

新酸枣门　封丘门　陈桥门

金水河

西北水门

固子门

金水门　景龙门　旧封丘门

五丈河

东北水门

新曹门

玄武门　艮岳　开宝寺

龙亭
宫城
西华门
东华门
丹凤门

旧曹门

梁门

万胜门

角门子

旧
州桥
相国寺

城

旧宋门

角门子

新宋门

旧郑门

金明池

琼林苑

新郑门

崇明门　朱雀门　保康门

新

城

东水门

繁塔　吹台

汴河

戴楼门　蔡河水门　南熏门　蔡河水门　陈州门

北宋东京城规划示意图

75

第一单元

城垣

城垣是古代城市的标志。
20 世纪 40 年代，考古人开始对金中都城垣进行调查，
1958 年绘制了第一幅金中都考古草图，
1965 年至 1966 年进一步确定了金中都外城的范围，
2019 年至 2020 年对西城垣、南城垣进行了考古发掘，
首次发现了马面遗迹。

西城墙夯土遗迹局部

西城墙外护城河遗迹

南城墙夯土遗迹局部

马面遗迹西南拐角

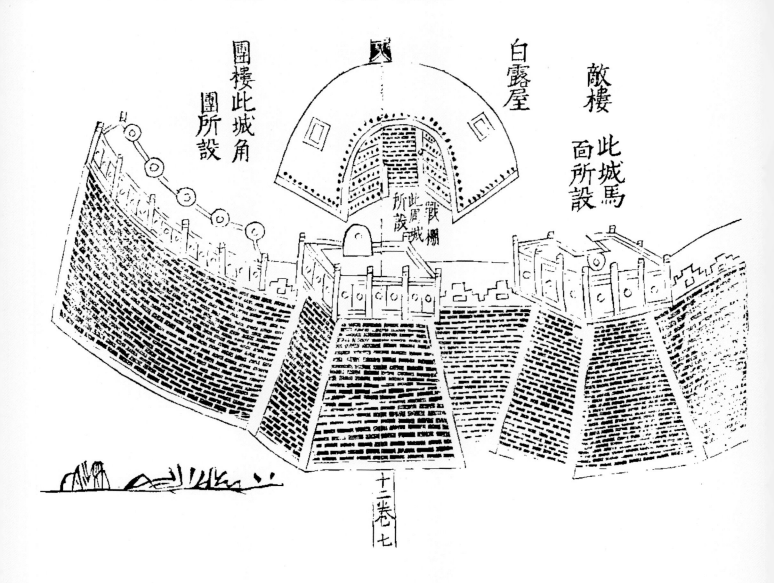

图中文字（从右至左竖排）：

敌楼 此城马面所设

白露屋

团楼此城角团所设

跌棚此唐城所跌

此唐城跌棚所跌

十二卷七

马面示意图

马面亦称"墙垛""墩台"。系凸出于城墙外侧与城墙一体建造的防御性设施。多为长方形，少数为方形或半圆形。一般宽度为12—20米，凸出于城墙8—12米，间距50—120米。有些马面上建有敌楼。马面作为城防设施，最早见于内蒙古自治区夏家店下层文化城址，三国以后在中原地区逐渐流行。唐宋时多为夯土版筑，明清时随着城墙夯土包砖，马面外皮包砌城砖。

龙头套兽

金（1115—1234 年）
长 18.9 厘米，宽 7.73 厘米，高 9.54 厘米
哈尔滨市阿城区金上京历史博物馆藏

　　陶制，龙头形，屋檐转角处建筑构件。这件套兽为安装在屋檐角处仔角梁端头上的陶质雕饰件，不仅能起装饰作用，而且可以避免屋檐角遭到雨水侵蚀。

兽面纹瓦当

金（1115—1234 年）

直径 13.9 厘米

北京市丰台区大葆台金代遗址出土

北京考古遗址博物馆藏

　　泥质灰陶，圆形，模制。当面饰兽面纹，兽面作深目高额、高颧骨状，口衔半环，造型较简单，眼鼻较小，獠牙外露，兽面外侧环绕一圈乳钉纹。瓦当是中国古代建筑屋檐处筒瓦的瓦头，具有束水护檐和美化装饰作用。瓦当一般呈圆形或半圆形，当面装饰纹样。

礌石

金（1115—1234 年）

直径 11.2 厘米

北京市丰台区万泉寺金中都南城墙遗址出土

北京市考古研究院藏

　　石质，实心，圆球状，人工打制而成。表面粗糙，弧度不匀。礌石是古代作战时用来从高处抛下，打击敌人的一种远距离攻击武器。常配合抛石机使用，抛石机是具有远距离杀伤力和攻坚能力的重型武器。礌石为抛石机所发射的弹丸。

沟纹砖

金（1115—1234 年）

长 33 厘米

北京市丰台区金中都水关遗址出土

北京考古遗址博物馆藏

　　泥质灰陶，平面呈长方形。砖面压印有较为规整的七道沟纹。粘土制坯，经干燥后，高温下烧制而成，是金代建筑中使用较多的一种青砖。

刻划象棋盘青砖

金（1115—1234 年）

长 40 厘米，残宽 35 厘米，厚 6 厘米

北京市丰台区大葆台金代遗址出土

北京考古遗址博物馆藏

在细沟纹砖的背面，雕刻出象棋盘，其形制与现代中国象棋的棋盘相同。出土时棋盘一侧已残缺。

"象"字象棋

金（1115—1234 年）
直径 3.3 厘米，厚 0.71 厘米
北京市丰台区万泉寺金中都南城墙遗址出土
北京市考古研究院藏

　　汉白玉材质，圆形。正面雕琢"象"字，轮廓清晰。目前发现的金代象棋棋子有大小两种，大的直径约 3 厘米，小的直径约 1.5 厘米，恰好是大的一半。金代皇帝自熙宗起都有较高的汉文化素养，能赋诗染翰，雅歌儒服，分茶焚香，弈棋象戏。金人对象棋这种富有韬略的游戏是比较重视和喜爱的。

白釉瓷盘

金（1115—1234 年）
口径 20.5 厘米，高 7.8 厘米，足径 8 厘米
北京市丰台区万泉寺金中都南城墙遗址出土
北京市考古研究院藏

　　敞口，弧壁，圈足。胎质细腻呈灰白色，胎体较薄。通体施白釉，
釉色白中泛青，釉面莹润光亮。盘内印花装饰，口沿处为一周回字纹，
盘内壁为荷莲双鱼纹。

金中都水关遗址

　　金中都水关遗址是中都南城墙下的一处木石结构的水利设施遗址。城内水系经水关由北向南穿城墙而出，流入中都南护城河。水关遗址的发现基本上明确了中都城内鱼藻池水系过龙津桥向南穿过丰宜门和景风门之间的南城墙流入护城河的水源路线。水关遗址的建筑基础结构与宋代《营造法式》所载"卷輂水窗"的规定相一致，是现存考古发掘出土的中国古代都城水关遗址中体量最大的，也是研究我国古代建筑和水利设施的重要实例。金中都水关遗址被评为 1990 年度全国十大考古新发现，2001 年被评为全国重点文物保护单位。金中都水关遗址见证了北京的建都之始，与其他诸多金代遗迹共同构筑了金中都的华彩篇章。

木质银锭榫

砖质银锭榫

金（1115—1234 年）

长 16 厘米，宽 8 厘米（左上）；长 24 厘米（左下）；长 26 厘米，厚 6 厘米（右）

北京市丰台区金中都水关遗址出土

北京考古遗址博物馆藏

　　银锭榫主要用于木、石材的拼接和加固，两头大、中间细，可以嵌入木、石材质的榫槽中，形成牢固的榫卯结构，因形似银锭而得名，有木质、砖质和铁质等。

铁质银锭榫

地钉

金（1115—1234 年）
长 148 厘米，宽 20 厘米
北京市丰台区金中都水关遗址出土
北京考古遗址博物馆藏

  金代桥梁、水关等建筑多为木石结构。金中都水关遗址最下层基础密植木质地钉，地钉之间用碎石及碎砖瓦、砂土夯实，地钉与其上的衬石枋使用榫卯结构相连接，支撑上面放置排列整齐的地面石。

宫殿

金中都的宫城在城中偏西南，

前为官衙，后为宫殿，正殿为大安殿，宫阙壮丽。

1958 年考古人开始调查宫殿遗迹，

1966 年确定了皇城的范围，厘清了金中都的中轴线，

1991 年证实了大安殿的确切位置。

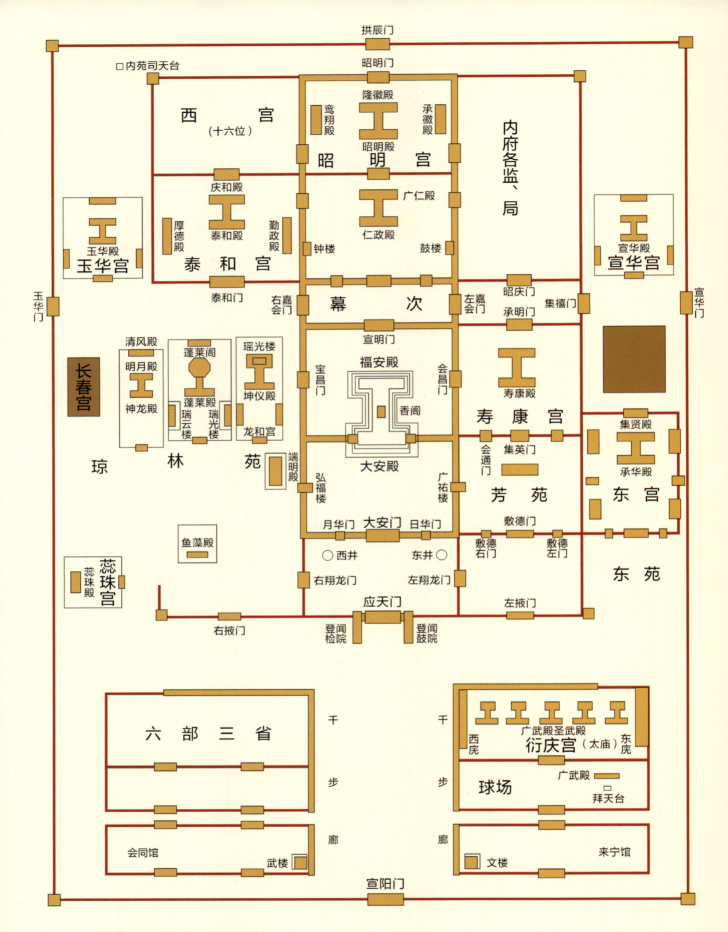

金中都皇城、宫城复原示意图

岩山寺壁画局部

　　岩山寺原名灵岩寺，位于山西省繁峙县天岩村。据题记记载，壁画是由金代宫廷画师王逵绘制。经学者考证，壁画中的宫室、殿堂等建筑反映了金中都宫殿建筑的规制和特点，是研究金中都宫殿的重要形象资料。

灰陶套兽

金（1115—1234 年）
高 31 厘米，长 27 厘米，宽 25 厘米
北京市金中都宫殿区遗址出土
北京考古遗址博物馆藏

　　鱼嘴，吻部合拢，嘴角有孔，环眼，眼球圆而外凸，眼上为双耳，鼻孔椭圆形，鼻翼上翻。顶部中央残缺，头后部饰毛羽。套兽是古建筑瓦作屋顶艺术构件，体现了金代雕塑艺术和建筑艺术的完美结合。

琉璃垂兽

金（1115—1234 年）

高 37 厘米，长 33 厘米，宽 21 厘米

北京市金中都宫殿区遗址出土

北京考古遗址博物馆藏

　　垂兽作龙首状，眉骨挺拔，怒目圆睁，卷鼻上扬，獠牙外露，面目狰狞。垂兽是我国古代建筑屋顶垂脊上的装饰构件。

兽面纹瓦当

金（1115—1234 年）
直径 18.7 厘米，厚 1.9 厘米
哈尔滨市阿城区金上京历史博物馆藏

泥质灰陶，圆形，模制。当面饰兽面纹，兽面精致，兽面外饰乳钉纹。兽头形象逼真，额头镌刻"王"字。瓦当是中国古代建筑屋檐处筒瓦的瓦头，具有束水护檐和美化装饰作用。瓦当一般呈圆形或半圆形，当面装饰纹样。

龙纹瓦当

金（1115—1234 年）
直径 12.8 厘米，厚 1.2 厘米
北京市西城区菜园街遗址出土
北京市考古研究院藏

泥质灰陶，圆形，模制。宽平缘。当面模印龙纹，呈飞舞状，尾翘起，腿爪雄壮有力，构图精巧，栩栩如生。

龙纹雕砖

金（1115—1234 年）

长 36.4 厘米，宽 19.1 厘米，厚 5.6 厘米

哈尔滨市阿城区金上京历史博物馆藏

  砖面主体浮雕三爪行龙，作腾云状，底饰卷云纹，形象生动。金上京宫殿中甬道两边对称铺就的装饰砖，龙头一致朝向皇帝所在的宫殿。金代的龙多为三爪，龙体粗壮有力，常作屈伏欲跃状，具有鲜明的风格。

夯土

金（1115—1234 年）
长 80 厘米，宽 70 厘米，高 60 厘米
北京市西城区白纸坊金代遗址出土
首都博物馆藏

　　中国古代建筑材料，以木为主角，土为辅助，石、砖、瓦为配角。用作建筑的土大致可分为两种：自然状态的土被称为"生土"，而经过加固处理的土被称为"夯土"。城墙、台基、地基、堤坝等大多是夯筑的。夯土是用杵等工具将土层一层层夯实的，结构紧密，一般比生土坚硬，但土色并不像生土那么一致，并含有古代的遗物。夯土最明显的特点是能分层，上下层之间的平面即夯面上可以看出夯窝，夯窝面上往往有细砂粒。有考古材料证实，商、周、秦、汉时期，重要建筑的高大台基都是夯土筑成，宫殿台榭也是以土台作为建筑基底，可见我国古代的夯土技术是非常发达的。此夯土为金中都建筑基础的夯土，据学者研究金代修筑中都宫殿的土料是从他处取来而非就地取土。

铜铺首

金（1115—1234 年）

直径 25.6 厘米

北京市金中都宫殿区遗址出土

首都博物馆藏

　　边缘为六出花瓣形，每瓣间饰两圆弧。兽面以鼻梁为中线，作对称状，双目凸出，宽鼻阔口，口内牙齿整齐排列，毛发卷曲。铺首为古建筑大门上的金属构件，一般为一对，起开关门户、叩门入室和装饰美化的作用。

铜坐龙

金（1115—1234 年）

通高 31.5 厘米

北京市金中都宫殿区遗址出土

首都博物馆藏

    龙头，独角，猪嘴，嘴内含珠，鳞片状角延伸至背部。前足上有翼，弓身踞坐，足作五爪状，绞股双尾，上翘，向外卷。底部有 4 个钉孔，孔内有铁锈痕迹，似为锈蚀之铁钉。该坐龙出土地原为金中都主殿大安殿址范围内，应为金代皇室御用之物。

金中都城坊巷仿照北宋东京的布局，

在辽南京城的基础上，

形成了封闭式坊制和开放式街巷同时并存的特点。

1966 年考古人对金中都城内坊巷进行了考古调查，

2014 年发现了城内南侧道路，

使中都复原有了依据，

2021 年发掘了开远坊遗址和东开阳坊遗址，

为研究金中都城内坊巷布局提供了材料。

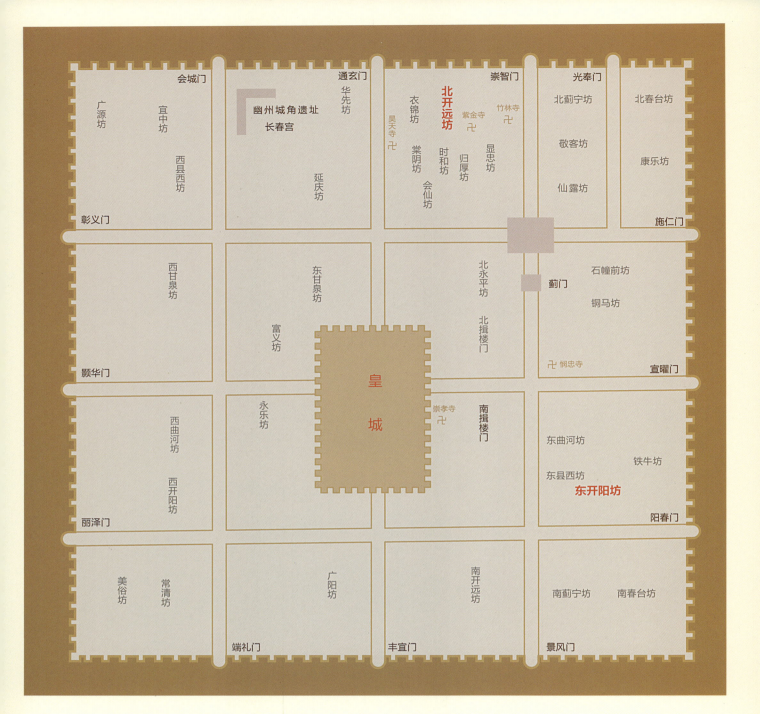

金中都坊巷复原示意图

二号基址

五号基址

四号基址

三号基址

一号基址

包边基础

散水

金中都东开阳坊建筑群落遗址

　　《元一统志》记载了金中都城南墙南展三里有开阳东坊，坊位应在金代宫城南部偏东，开阳东坊实即东开阳坊。

金中都东开阳坊建筑群落遗址须弥座遗存

金中都东开阳坊磉礅遗址

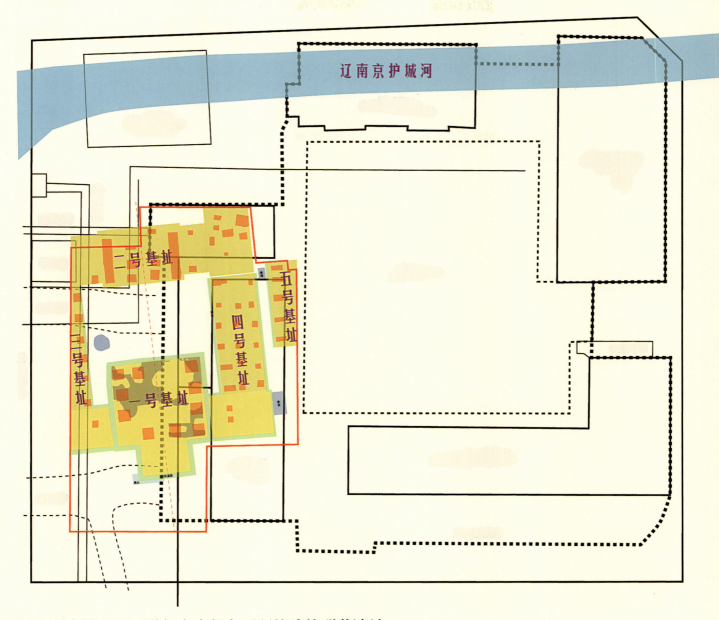

辽南京南护城河河道与金中都东开阳坊建筑群落遗址

开远坊遗址灰坑

开远坊遗址水井

开远坊遗址发掘现场

　　开远坊遗址位于北京市西城区槐柏树街道，西南为现宣武艺园，内有金代紫金寺旧址，残存部分建筑基址、碑座。

　　据《元一统志》载："紫金寺，在（燕京）旧城北开远坊，元朝中统二年重修。"据《析津志》载："紫金寺，在彰义门内，庆寿寺支院。"遗址距离金中都北城墙约700米，初步推测该地可能为开远坊或显忠坊一部分。

莲花纹滴水

金（1115—1234 年）

长 15.5 厘米，宽 12.7 厘米，高 10.5 厘米

北京市西城区金中都东开阳坊遗址出土

北京市考古研究院藏

　　泥质灰陶，模制而成。滴水端面呈连弧三角形，两斜边为连弧状，模印莲花纹图案，枝叶向两侧伸展。滴水为古建筑檐口部位瓦当之间向下垂用来排雨水的瓦作构件，既起到保护木构件的作用，又具有很好的装饰效果。

114

菩萨头像

金（1115—1234 年）

高 13 厘米，直径 5.3 厘米，厚 8 厘米

北京市西城区金中都东开阳坊遗址出土

北京市考古研究院藏

  陶质，泥塑，菩萨相。面部经过细微处理，面容端庄，五官清晰，前饰花冠，繁丽华美。金代帝室崇拜、支持佛教，因此金代佛教相当隆盛。金中都是在辽南京城的规模上兴修、发展起来的，承自前朝而继续扩大规模的寺庙就有很多，营建中都后又新建了诸多大型寺院。中都城里可谓寺庙繁盛、寺塔林立，史载"燕京兰若相望，大者三十有六"。

黄琉璃筒瓦

金（1115—1234 年）
残长 11 厘米
北京市西城区金中都东开阳坊遗址出土
北京市考古研究院藏

　　釉陶质，胎质灰白。施黄色琉璃釉。截面呈半圆形。北宋时期宫殿建筑使用琉璃瓦，金代宫殿建筑沿用宋代使用琉璃瓦旧制，形成了皇宫建筑白石台阶、红墙、黄瓦制度。

玉册

金（1115—1234 年）
长 10.5 厘米，宽 3.9 厘米，厚 2.2 厘米
北京市西城区金中都东开阳坊遗址出土
北京市考古研究院藏

玉册是帝王祭祀告天的册书，每片作扁平长方形，以玉片裁齐磨光雕镂而成。镌刻"博施济众谓之""而饮马神"等文字。金代特设"制造册宝所"，专制玉宝、玉册。金大定年间，中都地区集中对太祖、太宗等举行了御容供奉仪式。

高丽青瓷碗

金（1115—1234 年）
口径 16.2 厘米，高 8.3 厘米
北京市西城区金中都东开阳坊遗址出土
北京市考古研究院藏

敞口，深弧腹，圈足。通体施青釉。外壁刻莲瓣纹。高丽青瓷指朝鲜半岛在高丽王朝时期（918—1392 年）生产的青瓷，主要是仿照浙江越窑青瓷的烧制技术和工艺，并在博取众家之长后，形成的一类由多元化因素构成的具有鲜明特色的青瓷体系。这件高丽青瓷碗是金朝皇室贵族与高丽王朝政治、文化交往的见证。

双系瓷瓶

金（1115—1234 年）
高 15 厘米，口径 2.7 厘米，底径 5 厘米
北京市西城区菜园街遗址出土
北京市考古研究院藏

　　敛口，束颈，溜肩，直腹，平底。灰胎，施青黄釉，施釉不到底。附双系耳，腹部饰凸棱纹。

鱼纹陶盆

金（1115—1234 年）
高 10.9 厘米，口径 46.5 厘米，底径 32.5 厘米
北京市西城区金中都开远坊遗址出土
北京市考古研究院藏

敞口，宽平沿，斜弧腹，平底。内底装饰鱼纹，图案清晰，栩栩如生。

陶罐

金（1115—1234 年）

高 15.3 厘米，口径 4.2 厘米，腹径 11.7 厘米，底径 7.8 厘米

北京市西城区金中都开远坊遗址出土

北京市考古研究院藏

敛口，束颈，鼓腹，平底。光素无纹。常见日用器皿，一般用于盛水。

双耳铁罐

金（1115—1234 年）

高 11.8 厘米，口径 7.3 厘米，腹径 12.1 厘米，底径 6.8 厘米

北京市丰台区大葆台金代遗址出土

北京考古遗址博物馆藏

　　直口，矮颈，腹略鼓，平底。肩有对称之半环耳，罐外壁尚留有范模合口的痕迹。一耳尚残留圆形铁圈。

六錾铁釜

金（1115—1234 年）

口径 34.5 厘米，高 22.5 厘米，錾长 7 厘米，錾宽 4 厘米

北京市丰台区大葆台金代遗址出土

北京考古遗址博物馆藏

　　平口，深腹，六耳。口沿下有三道凹弦纹，腹外壁上端分置六錾，錾作长方形，圜底，底中央突出一脐。金代炊具。此类铁釜在辽代已较流行，金代沿袭并有所发展。

铁药碾

金（1115—1234 年）

长 18.3 厘米，重 707 克

北京市丰台区大葆台金代遗址出土

北京考古遗址博物馆藏

  传统碾药用具之一。用以将药材研碾为粉末，以便进一步制作丸、散、膏、丹等成药。

铁钁

金（1115—1234 年）

长 15.5 厘米，厚 2.5 厘米

北京市丰台区大葆台金代遗址出土

北京考古遗址博物馆藏

钁身扁长，上有长方形銎。两侧微内弧。是一种掘土的农具。

银发钗

金（1115—1234 年）

长 16 厘米

北京市丰台区大葆台金代遗址出土

北京考古遗址博物馆藏

　　双股叉形，下端尖细，上端圆粗。

玛瑙饰件

金（1115—1234 年）

长 5.5 厘米，宽 4 厘米，厚 2 厘米，重 55.5 克

北京市丰台区大葆台金代遗址出土

北京考古遗址博物馆藏

　　顶部凸起，中部呈弧形，雕琢光润，背面略平，稍作加工，饰件边缘钻有三个圆形小孔，钻孔不甚规则。饰件整体呈"凸"字形。

三通石坠

金（1115—1234 年）

长 8 厘米，宽 6 厘米

北京市丰台区大葆台金代遗址出土

北京考古遗址博物馆藏

形如橄榄，两侧及上端各凿一圆孔，三孔相通。

金帝完颜亮迁都后，仿照历代王朝制度，在中都附近营建皇陵。

公元 1155 年，完颜亮命以大房山为山陵，迁葬金太祖、金太宗及始祖以下十帝。迁陵进一步巩固了中都的政治地位。

2001 年考古人开始对金陵主陵区进行全面考古调查工作，先后发现并清理了主陵区石桥、神道、台址、大殿、陵墙、排水系统等多处遗址，出土了大量建筑构件和随葬品。这项工作对研究金代政治、经济和文化具有重要意义。

金代皇陵

绿釉行龙滴水

金（1115—1234 年）
残长 14.1 厘米，宽 18 厘米
北京市房山区金陵遗址出土
首都博物馆藏

　　施绿釉，红褐色胎，模制。滴水浮雕回首行龙，底部刻雷纹，是屋檐部位的重要构件和装饰，起到防止雨水侵蚀屋檐木构件的作用。

绿釉筒瓦

金（1115—1234 年）
残长 27 厘米，宽 10.5 厘米
北京市房山区金陵遗址出土
首都博物馆藏

  施绿釉，红褐色胎，模制，中有圆孔。中国的屋瓦从形状上来分，
可分为板瓦和筒瓦两大类，有覆琉璃和不覆琉璃两种做法。筒瓦呈半
圆筒形，由筒形坯对剖之后烧制而成，使用时覆盖在板瓦的交界处，
构成筒瓦屋顶，檐端的筒瓦称为勾头，上有瓦当。迄今最早的筒瓦见
于西周时期，历代一直沿用。

迦陵频伽

金（1115—1234 年）
残长 19 厘米，宽 11.5 厘米
北京市房山区金陵遗址出土
首都博物馆藏

　　施绿釉，红褐色胎，人首鸟身，展翅，头戴花冠，双手抱莲花，为古建筑屋脊装饰构件。迦陵频伽（梵语音译）为佛教中一种鸟神，传说生于雪山，在蛋壳中即能鸣叫，其音和雅，听者无厌，故名妙音鸟。《正法念经》记载："山谷旷野，其中多有迦陵频伽，出妙音声。如是美音，若天若人，紧那罗等无所及者，唯除如来言声。"以人首鸟身为特征的妙音鸟形象，作为建筑装饰，在北魏云冈石窟佛造像中就有出现。迦陵频伽在《营造法式》一书中作"嫔伽"，屋檐角处的嫔伽成为大型房屋建筑上常见的装饰部件。

梵文瓦当

金（1115—1234 年）
残径 10.5 厘米
北京市房山区金陵遗址出土
首都博物馆藏

　　圆形，模制。当面正中为梵文，周边饰有火焰纹。瓦当是中国古代建筑屋檐处筒瓦的瓦头，具有束水护檐和美化装饰作用。瓦当按质料可分为灰陶瓦当、琉璃瓦当和金属瓦当等，其中灰陶瓦当是最古老的品种之一。

兽面纹瓦当

金（1115—1234 年）
直径 13.2 厘米
北京市房山区金陵遗址出土
北京考古遗址博物馆藏

　　泥质灰陶，圆形，模制。当面饰兽面纹，兽面双目圆瞪，獠牙外露，面目狰狞。

绿釉龙纹瓦当

金（1115—1234 年）

直径 10.5 厘米

北京市房山区金陵遗址出土

北京考古遗址博物馆藏

泥质灰陶，圆形，模制。红褐色胎，表面施绿釉。当面模印团龙纹，有细小排气孔，雕刻精细，造型生动。

绿釉龙纹瓦当

金（1115—1234 年）

直径 10.5 厘米

北京市房山区金陵遗址出土

首都博物馆藏

泥质灰陶，圆形，模制。红褐色胎，表面施绿釉。当面模印团龙纹，有细小排气孔，雕刻精细，造型生动。

沟纹砖

金（1115—1234 年）

长 40.8 厘米，宽 20.5 厘米

北京市房山区金陵遗址出土

首都博物馆藏

房山金陵陵区内建筑用砖，青灰色陶质砖，质地坚硬，模制而成，单面饰有八道沟纹。

绿釉祥云立凤

金（1115—1234 年）

长 28 厘米，宽 15 厘米，底径 8.5 厘米

北京市房山区金陵遗址出土

首都博物馆藏

陶质胎，通体施绿琉璃釉，凤鸟展翅，立姿，圆形底足，为房脊装饰品。

绿釉祥云立凤

金（1115—1234 年）

长 12 厘米，宽 8 厘米，高 30 厘米

北京市房山区金陵遗址出土

北京市房山区文物保护所藏

　　陶质胎，通体施绿琉璃釉，凤鸟展翅，立姿，圆形底足，为房脊装饰品。

第二部分

繁华中都

金帝完颜亮迁都后，

国家承平，户口增息，殆逾百万，

中都成为金朝最大城市。

金中都地区手工业发达，商业繁荣，

供应着宫廷日用和贵族、百姓生活所需。

无论是达官贵人还是市井百姓都在这座城市留下了属于自己的生活印记。

考古人对金中都贵族墓葬进行了考古发掘，

发现了金器、玉器、瓷器等精美器物，

通过对这些考古发现和出土文物的整理研究，

重现了870年前金中都的贵族生活。

散乐图（北京石景山区赵励墓壁画）

　　赵励墓是北京地区难得一见的金代壁画墓，于 2002 年 3 月在石景山区京原路口被发现。依据墓志可知，墓主人名赵励。墓内壁画由五幅精美壁画组成，保存完好，共同勾勒出金代社会日常生活的场景。

　　散乐图是唐宋以来墓室壁画中的常见题材。赵励墓中的散乐图位于墓壁的西南部。画面中共有六人，均为头戴展脚幞头的男性，打腰鼓者、敲大鼓者、吹横箫者、吹觱篥者、弹琵琶者、击拍板者，均生动传神，活灵活现，有"无声胜有声"之意境。

点茶图（北京石景山区赵励墓壁画）

    点茶，就是将茶末以开水调成膏，再用沸水点注。赵励墓中的点茶图位于墓壁的东北部，画面中共有六人，人物神情自然，动作娴熟，分工明确，配合默契，是金人饮茶文化的生动表现。

备宴图（北京石景山区赵励墓壁画）

　　备宴图，或称备食图，是宋辽墓室壁画中的常见题材。赵励墓中的备宴图位于墓壁的东南部。画面中共有七人，其中左侧四人，均为女仆，三人呈一字形纵向排开；画面的右侧站立着三人，其中一人为中年女仆，一手持一条长巾，一手指向对面的两名双手捧盘、毕恭毕敬的男仆，似乎有所叮嘱。

侍洗图（北京石景山区赵励墓壁画）

　　侍洗图位于墓壁的西北部。画中人物正前方为一高脚方桌，上面摆满注壶、盘、碗等器皿。桌后站立着四名男侍。其中左侧两名男侍，一人手持鸡腿瓶，正向对面男侍手捧的花口盆中注水。右侧两位男侍之中，一名双手执长巾，另一名则不动声色地站立。

侍寝图（北京石景山区赵励墓壁画）

　　侍寝图位于墓壁正北居中，以写实的手法描绘出一幅环境优雅、陈设简单、氛围宁静的金代品官之家的居室场景。图画中围屏和卧榻的组合表明了墓主人的起居，壁画中床榻的位置对应了墓室中放置墓主夫妇遗骸的棺床，因此整个墓室内壁画皆未绘出墓主夫妇形象，用一种隐晦、含蓄的手法表现出墓主人在整个墓葬空间中的中心地位。

一 乌古论家族

1980 年和 1981 年在北京市丰台区王佐镇发现的金代乌古论家族的四座墓葬，
其中两座据墓志得知，
分别为乌古论窝论和乌古论元忠夫妇墓，
这是北京地区首次发掘的有明确纪年的女真贵族墓葬。
乌古论氏是金代的贵族，
三代与皇室联姻，
乌古论元忠《金史》有传，可见墓主人身份的显赫。
乌古论家族墓葬虽然破坏严重，
但是从仅存的出土器物，
仍可窥见当年贵族生活的缩影。

青玉荷叶龟游佩

金（1115—1234 年）
长 10 厘米，宽 7.4 厘米
北京市丰台区乌古论窝论墓出土
首都博物馆藏

　　玉饰成对，为一块玉料对剖制成。青玉质，玉质温润细腻，抛光
极佳。以浮雕、透雕技法琢出荷叶、茨菇及水草纹，以单阴线刻出荷
叶的叶脉。两荷叶中心各高浮雕一小龟，头尾及四肢均长伸，似正于
荷叶上嬉戏。整体营造出立体感颇强的"龟游"图，蕴含吉祥之意。

六瓣玉环

金（1115—1234 年）
直径 4.9 厘米
北京市丰台区乌古论窝论墓出土
首都博物馆藏

　　白玉质，色莹润，雕立体六瓣花式。正面外缘微凸起脊，背面扁平。选材精良，生动形象，出土后仍保持极好的光亮度。此件玉环为缝缀在头巾上的玉巾环，是古代的一种贵重的头饰，也是身份和地位的象征。

碧玉围棋子

金（1115—1234 年）
直径 2.8 厘米
北京市丰台区乌古论元忠墓出土
首都博物馆藏

　　碧玉质，油润细腻。棋子为圆形，两面鼓，素面无纹。围棋是中国最古老的棋戏之一，金代出土的玉质围棋较为少见。该墓出土的两枚碧玉质围棋子是金代贵族盛行围棋活动的重要物证，弥足珍贵。

酱釉鸡腿瓶

金（1115—1234 年）
高 53 厘米，口径 7.8 厘米（左）；高 53.6 厘米，口径 7.6 厘米（右）
北京市丰台区乌古论窝论墓出土
首都博物馆藏

　　直口无釉，束颈，溜肩，筒形腹，平底无釉。通体施酱釉，施釉不到底，底足无釉，胎体饰弦纹。鸡腿瓶又称"长壶""鸡腿坛""浑瓶"等，是辽金时期草原民族特有的一种容器，因器身瘦长，形如鸡腿而得名，用于盛酒、水、奶等。鸡腿瓶是辽代以来北方地区遗址和墓葬中较为常见的器物，墓葬之中多成对出现。

青釉葫芦式执壶

金（1115—1234年）
通高28.3厘米，口径3.1厘米，腹径15厘米，底径9.8厘米
北京市丰台区乌古论窝论墓出土
首都博物馆藏

　　葫芦形，子母口，束腰，曲流，曲柄，柄上有系，平砂底，盖顶为环形钮。通体施青釉，釉质淳厚，近足处有开片现象。该器属于我国境内极为少见的高丽青瓷。高丽青瓷也称"高丽秘色"，指朝鲜半岛在高丽王朝时期（918—1392年）生产的青瓷，主要是仿照浙江越窑青瓷的烧制技术和工艺，并在博取众家之长后，形成的一类由多元化因素构成的具有鲜明特色的青瓷体系。葫芦形器具源于中原文化，是对自然物的模仿结果。葫芦形饮具在辽、宋、金、元时期主要有葫芦形瓶和葫芦形注壶两种，多属酒器。

定窑白釉盏

金（1115—1234 年）
高 3.2 厘米，口径 6.8 厘米
北京市丰台区乌古论窝论墓出土
首都博物馆藏

　　直口，弧壁，圈足。通体施青白釉，白中闪青。

定窑白釉盏

金（1115—1234 年）
高 3.2 厘米，口径 6.8 厘米
北京市丰台区乌古论窝论墓出土
首都博物馆藏

　　直口，弧壁，圈足，通体施青白釉。

耀州窑月白釉鋬沿洗

金（1115—1234 年）
高 6.1 厘米，口径 17.2 厘米，底径 8 厘米
北京市丰台区乌古论窝论墓出土
首都博物馆藏

　　直口，弧腹，卧足。口沿侧附月牙形鋬耳，耳下附环形系。通体施月白釉，光素无纹饰。月白釉是宋、金时期耀州窑的一种独特釉色品种，创烧于北宋晚期，成熟于金代，以乳白色为基调，白中略闪暗青色，恬静温润，有如冰似玉的效果。

耀州窑月白釉刻花卧足钵

金（1115—1234 年）
高 6.8 厘米，口径 17.9 厘米，底径 9.6 厘米
北京市丰台区乌古论窝论墓出土
首都博物馆藏

　　直口，唇沿，弧壁，卧足，底足无釉。内外施淡青色釉，外壁施釉不到底。碗内刻折枝牡丹，刀法爽利娴熟，刀锋犀利，外壁光素无纹饰。釉面光亮柔和。胎呈浅灰白色，胎质细腻。

耀州窑青釉刻花纹卧足钵

金（1115—1234 年）
高 5.9 厘米，口径 17 厘米，底径 7.2 厘米
北京市丰台区乌古论窝论墓出土
首都博物馆藏

　　直口，弧腹，卧足。底足无釉。内外施淡青色釉，外壁施釉不到底。碗内刻折枝牡丹，外壁光素无纹饰。宋金以来，北方地区青瓷的生产以耀州窑最具连续性和影响力，并且流行广泛。

159

景德镇窑青白釉印花卉纹盘

金（1115—1234 年）
高 2.4 厘米，口径 8.3 厘米，底径 5.1 厘米
北京市丰台区乌古论窝论墓出土
首都博物馆藏

　　敛口，浅腹，圈足。通体施青白釉，内壁模印
缠枝花卉纹。北宋时，在青瓷、白瓷的基础上，景
德镇开始烧造青白瓷产品。青白瓷，也称影青，是
介于青、白二色之间，青中泛白、白中透青的一种
瓷器。早在 11 世纪初，青白瓷就已经进入辽境，直
至金代，持续流布于江南，是当时南方其他窑口产
品所不能企及的。

1975 年 8 月，

北京市通县城关公社砖厂，

因推土取料，发现石椁墓两座（编为一号、二号墓）。

一号墓根据出土墓志显示其墓主人身份为汉族官僚，

官至正五品、宣威将军石宗璧。

二号墓根据骨灰中发现的银簪等器物，

推测墓主人应为女性，即石宗璧妻子。

其妻为女真贵族纥石烈氏。

纥石烈氏是金代统治阶级中的重要氏族之一。

大定十七年故宣威将军石宗璧墓志并盖

金（1115—1234 年）
长 70 厘米，宽 70 厘米
北京市通州区石宗璧墓出土
首都博物馆藏

　　墓志为大理石质，志、盖兼具。志盖为覆斗形，楷书"故宣威将军石公墓志"3 行 9 字。志石方形，志文楷书，31 行，满行 33 字。墓志由通州乡贡进士郑肩撰写，墓主人石宗璧生于辽天庆五年（1115 年），卒于金大定十五年（1175 年），享年 60 岁，于大定十七年（1177 年）葬于通州潞县台头村。妻子为女真纥石烈氏。石宗璧以父荫入仕，曾掌管榷酤（烟酒专卖之职），秋毫不犯；任博平尉时惩治强盗，使百姓安稳；任河东路第一将正将，其地因与西夏接境，革除守边卒吏为巡检将司私人役使的弊端，并于农隙阅武，使西夏不敢窥边。石宗璧墓志是研究金代婚姻关系、经济史、夏金关系史等的重要资料。

定窑白釉盘

金（1115—1234 年）
高 2.5 厘米，口径 12.3 厘米
北京市通州区石宗璧墓出土
首都博物馆藏

　　敞口，浅弧壁，圈足。圈足满釉，通体施白釉，白釉泛黄，施釉不均匀，釉面有杂质。

定窑白釉刻花卉纹盘

金（1115—1234 年）
高 2.7 厘米，口径 14.7 厘米
北京市通州区石宗璧墓出土
首都博物馆藏

　　敞口，弧腹，小圈足。通体施白釉，盘内心刻一束折枝萱草纹。

定窑白釉刻花卉纹盘

金（1115—1234 年）
高 1.9 厘米，口径 11.7 厘米
北京市通州区石宗璧墓出土
首都博物馆藏

　　直口，斜壁，大圈足。通体施白釉，盘内心刻一束折枝
萱草纹。

定窑白釉碗

金（1115—1234 年）
高 4.2 厘米，口径 6.5 厘米
北京市通州区石宗璧墓出土
首都博物馆藏

　　撇口，浅弧壁，小圈足。通体施白釉，无装饰纹样，制作不规整，釉面有杂质、粘沙等。

定窑白釉碗

金（1115—1234 年）
高 4.6 厘米，口径 12 厘米
北京市通州区石宗璧墓出土
首都博物馆藏

　　敞口，深弧壁，平底。通体施白釉，无装饰纹样，制作不规整，釉面有杂质、粘沙等。

定窑白釉刻花卉纹碟

金（1115—1234 年）
高 0.9 厘米，口径 7.7 厘米（上）；高 1.1 厘米，口径 7.8 厘米（下）
北京市通州区石宗璧墓出土
首都博物馆藏

　　敞口，浅弧壁，平底。通体施白釉，碟心刻一束折枝萱草纹，绘
画较写意，不清晰，造型、制作不规整，釉色白中泛青。

定窑白釉粗颈瓶

金（1115—1234 年）

高 14.8 厘米，口径 5 厘米

北京市通州区石宗璧墓出土

首都博物馆藏

敞口，粗长颈，垂腹，圈足。圈足满釉，通体施白釉，釉色泛黄。

黑釉梅瓶

金（1115—1234 年）
高 21 厘米，口径 3.9 厘米
北京市通州区石宗璧墓出土
首都博物馆藏

　　小口，短颈，丰肩，腹下渐收，圈足。圈足无釉，器表施黑釉，施釉不及底。胎质疏松，釉色黑亮。

黑釉梅瓶

金（1115—1234 年）

高 21 厘米，口径 3.9 厘米

北京市通州区石宗璧墓出土

首都博物馆藏

　　小口，短颈，丰肩，腹下渐收，圈足。圈足无釉，器表施黑釉，施釉不及底。胎质疏松，釉色黑亮。

黑釉带棱小罐

金（1115—1234 年）
高 8.3 厘米，口径 7.2 厘米
北京市通州区石宗璧墓出土
首都博物馆藏

　　直口，短颈，丰肩，腹下渐收，圈足。圈足无釉，颈部至腹部有八道出脊，两两一组，共计四组，器表施黑釉不及底。

黑釉带棱小罐

金（1115—1234 年）
高 7.8 厘米，口径 7.2 厘米
北京市通州区石宗璧墓出土
首都博物馆藏

　　直口，短颈，丰肩，腹下渐收，圈足。圈足无釉，颈部至腹部有八道出脊，两两一组，共计四组，器表施黑釉不及底。

黑釉罐

金（1115—1234 年）
高 8.5 厘米，口径 7 厘米
北京市通州区石宗壁墓出土
首都博物馆藏

直口，短颈，鼓腹，腹下渐收，圈足。圈足无釉，器表施黑釉不及底。

耀州窑青釉錾沿洗

金（1115—1234 年）
高 4.0 厘米，口径 11 厘米，底径 6 厘米
北京市通州区石宗璧墓出土
首都博物馆藏

　　直口，腹微鼓，卧足。足内无釉，口沿外饰两道凹弦纹，口沿侧附月牙形錾耳，耳下附环形系。通体釉色青绿而泛黄，口沿部釉色较浅，凹弦纹处积釉较深。单耳洗在金代发现的数量较多，这种在器体一侧附月牙状或如意状压手和环形耳的造型，可追溯到唐代瓷器的装饰和制作。

云纹风字形陶砚

金（1115—1234 年）
长 19.8 厘米，宽 14 厘米
北京市通州区石宗璧墓出土
首都博物馆藏

　　陶质，整体呈风字形。砚首触地，砚尾下有两梯形足，面开风字形砚堂，并向砚首逐渐倾斜成池，砚首及砚池两侧有边沿高起如墙。首部边沿呈连弧形，饰有点状梅花形纹及祥云纹，两侧边沿均饰有点状梅花形纹饰。

湖州石念二叔葵花形铜镜

金（1115—1234 年）
直径 11.5 厘米
北京市通州区石宗璧墓出土
首都博物馆藏

　　八瓣葵花形，小圆钮，素缘。钮左侧长方形框内有两行铭文："湖州真正石念二叔照子。"在镜背素面上标有铸镜字号的铜镜，是宋代开始兴起的一种新型镜式。主要的装饰方法是在镜背面铸上铭文，铭文多以产地、商号、工匠等为内容，形成铜镜的广告标语。常设置在镜钮左右两侧。铭文常在竖行、方形的边框内，近似宋代书籍版刻后面的书坊牌记。

1153 年，金帝完颜亮完成迁都后，

改上京为会宁府。

1155 年，他又下令在房山的大山中修建陵墓，

将金太祖、太宗及以上十位祖先的陵墓从上京迁来。

2002 年发掘了金太祖阿骨打的睿陵，

以及附近可能是陪葬墓的 5 座长方形石圹墓。

另外，一批有特色的文物如精美金器、

文房用品、官印、铜镜等文物虽然不是出土于墓葬，

但也能从侧面反映金中都贵族阶层的精致生活。

金丝冠

金（1115—1234 年）

冠高 9.5 厘米，底径 17.1 厘米，冠重 117 克，每件玉饰长 5 厘米

北京市房山区金陵遗址出土

首都博物馆藏

　　冠呈覆钵状，用细金丝编结而成。两件玉饰洁白莹润，雕工简洁明快。此冠是皇后冠饰中起支撑定形作用的骨架部分，或可称为帽盛子。《金史·舆服志》记载，皇后戴"花株冠，用盛子"。此帽盛子为纯金编结而成，呈半球形。编结工艺自帽顶开始，先自帽顶心编一圆环，第二圈编结如水滴形八瓣花状连结，从第三圈开始用金丝编出一个个相连的如意花瓣形，一圈一圈向下扩编，直至盛子下口沿，最后均固定在底圈粗金丝圈上。由于棺内朽腐严重，金丝编帽盛子内衬丝织物和盛子外附织物及更多有机质饰品已朽毁不可考证。金太祖完颜阿骨打皇后所用的"花株冠"及作为身份标识的冠后佩饰"纳言"，是研究女真贵族丧葬文化的重要实物资料。

铜坐龙

金（1115—1234 年）

高 18 厘米

北京市房山区金陵遗址出土

首都博物馆藏

  青铜实铸，踞坐式姿态，昂首，脑后毛发飘逸，前趾与后趾相连，尾部上翘至颈部，肩上的翼为卷云纹。通体刻画龙鳞片装饰。该坐龙是金代龙形象的代表，出土于皇家陵寝，从中可以窥见金代龙形图腾的艺术风格。

铜坐龙底座

金（1115—1234 年）

直径 13.5 厘米，残高 10.3 厘米

北京市房山区金陵遗址出土

北京市房山区文物保护所藏

  平顶，弧腹，呈碗状。底座上部装饰云纹，中间装饰三层缠枝花纹，缠枝花纹与金陵神道石踏道条石纹饰相似，底部装饰仰莲纹。此底座应为坐龙蹲坐的云台，台面上有三个圆形小孔，用于固定坐龙。底座下方有类似榫卯的结构，可用于安置在其他构件上。

金盘

金（1115—1234 年）
高 1.5 厘米，口径 16.6 厘米，重 168 克
北京市西城区月坛南街出土
首都博物馆藏

　　圆形，卷唇，平折沿，浅腹弧壁，平底，通体光素，盘中心及口沿有经折叠形成的裂痕。金盘经锤揲制成，造型规整，朴实无华。金盘出土地位于金中都附近，与其同地出土的还有高足金杯、錾花金托盘及金铤等一批黄金制品，推测应是金代贵族日常生活用器。它们是研究金代北京地区社会经济的重要实物资料。

錾花葵瓣形金盘

金（1115—1234 年）
高 2 厘米，口径 18.2 厘米，重 238 克
北京市西城区月坛南街出土
首都博物馆藏

　　葵瓣口，12 曲盘身造型，平折沿，唇向上卷。内底微凹，盘中心錾刻三连枝牡丹花，盘沿、内底边缘錾饰卷草纹和忍冬花纹，空白处辅以沙地纹。金盘采用锤揲、錾刻等工艺制成。金朝虽是女真人统治的政权，但金国皇帝很推崇中原文化。这件多曲盘就是南宋常见的金银器器形，采用的装饰纹样也是宋代金银器流行的题材，且制作精良，錾刻细腻，可能出自技艺高超的中原工匠之手，应是富贵阶层的生活器用。

錾花金托盘

金（1115—1234年）
高 1.3 厘米，口径 22.4 厘米，托内径 5 厘米，重 310 克
北京市西城区月坛南街出土
首都博物馆藏

　　浅腹弧壁，平底，盘沿平折。盘中心为一
凸起杯座，座心及外缘錾刻几何形十字花纹，
极富装饰感，盘内及口沿饰隐起连枝桃纹，寓
意长寿富贵。金盘采用模压、锤揲、錾刻等工
艺制成，其造型规整，桃形纹饰呈半浮雕状，
生动活泼，具有极高的艺术价值。此盘出土地
在金中都附近，应是当时贵族阶层的实用器物。

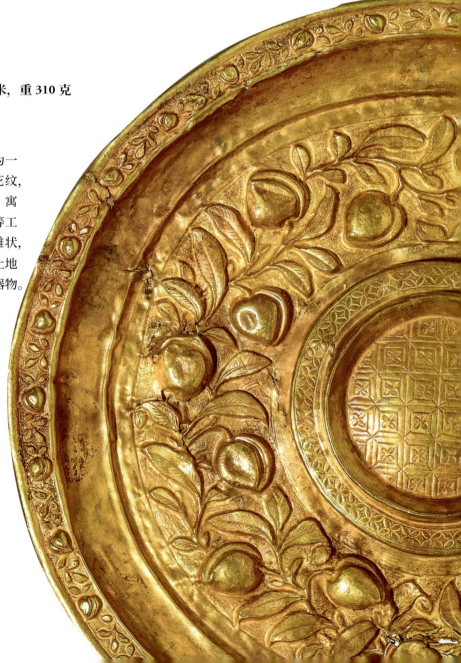

錾花高足金杯

金（1115—1234 年）

高 15.4 厘米，口径 9.5 厘米，足径 6.2 厘米，重 239.8 克

北京市西城区月坛南街出土

首都博物馆藏

　　侈口，卷沿，深腹，直壁向下敛为圜底。足细长，向下呈喇叭状，与杯身焊接相连。颈部与足下端均錾卷草纹及双弦纹，相互呼应；外腹壁为三个勾边开光，其内各錾一朵海石榴花，空白处錾沙地纹。金杯采用锤揲、焊接及錾刻工艺精制而成，其造型规整流畅、纹饰细腻、布局疏朗，具有鲜明的辽金时代风格，兼具实用性和艺术性。

鎏金菊花双雀纹铜带饰

金（1115—1234 年）

通长 8.1 厘米，通宽 3.6 厘米，厚 0.8 厘米

哈尔滨市阿城区金上京历史博物馆藏

　　这组鎏金铜带饰由 9 块方形带銙、2 块长方形带銙和 4 块桃形带銙组成，方形带銙上饰有一朵菊花纹，长方形带銙上饰有两朵菊花纹，桃形带銙上饰有对称的双雀纹。该带饰为金代贵族腰带上的饰物。

镂雕琼花白玉饰件

金（1115—1234年）
长 7.3 厘米，宽 6.4 厘米（左）；长 8 厘米，宽 7 厘米（右）
北京市房山区长沟峪金墓出土
首都博物馆藏

　　青白玉，质地细润。镂雕一对折枝琼花饰件，花瓣打凹，以单阴线勾勒出叶脉，整体碾琢，有立体感。琼花又称聚八仙、木本绣球。长沟峪金墓为五个石椁组成的墓葬群，共出土 11 件玉器，皆出于主墓石椁中。据勘测，此墓葬为金代后妃陵寝坤厚陵位置所在，墓主身份可能为金代后妃。

"政和通宝" 白玉圆钱形佩

金（1115—1234 年）
直径 2.8 厘米
北京市房山区长沟峪金墓出土
首都博物馆藏

  白玉质，莹润光亮。方孔圆钱式，阴刻楷体"政和通宝"四字，两面钱纹相同。"政和"是宋徽宗的年号，在金墓出土仿制宋代年号的玉钱尚属首次。它为研究汉族与少数民族文化交融提供了宝贵的实物资料。

素面白玉黄沁环

金（1115—1234 年）
直径 2.8 厘米
北京市房山区长沟峪金墓出土
首都博物馆藏

  白玉质，细腻熟润，满带黄沁。器呈扁环形，内外缘较薄，环肉厚实，素面无纹饰，底面平整。玉环古雅朴拙，弧线柔美，抛磨精细。

白玉镯

金（1115—1234 年）
直径 7 厘米
北京市房山区长沟峪金墓出土
首都博物馆藏

    白玉质，局部有沁，油润细腻。镯体为扁圆环状，光素无纹，打
磨精细，古典圆润，为金代贵族佩饰精品。

青玉双股钗

金（1115—1234 年）
长 15.5 厘米，头宽 1.8 厘米
北京市房山区长沟峪金墓出土
首都博物馆藏

  青玉质，局部有褐色浸蚀。两股平行，呈尖端圆柱体状，光素无纹。一端弯曲相连，一端尖锐。通体打磨光滑，制作精细。一般的双股钗钗首似对折形状，而此钗对折后弯曲 90 度，这应是仿制金钗、银钗的形制，在玉钗中较为少见，弥足珍贵。

白玉孔雀形簪

金（1115—1234 年）
长 6.8 厘米，翅宽 2.2 厘米
北京市房山区长沟峪金墓出土
首都博物馆藏

　　白玉质，玉质温润。孔雀造型生动，弯颈、高冠、尖喙、双翅伸展。孔雀为一对，其中一只出土时尖部已经缺失。金代的鸟形玉饰以鹤、绶带鸟、海东青、天鹅更为常见，孔雀形的饰件所见甚少。

青玉玉圭

金（1115—1234年）

长 32 厘米，宽 7.3 厘米，厚 0.9 厘米

北京市房山区金陵遗址出土

首都博物馆藏

　　青玉偏石质，色泽变化丰富。呈扁平长条形，下端平直，为长方形，上端趋于等边三角形。全器素面无纹，形态淳朴庄严。玉圭是六器之一，是上古重要的礼器。《周礼·春官·大宗伯》载："以玉作六器，以礼天地四方：以苍璧礼天，以黄琮礼地，以青圭礼东方，以赤璋礼南方，以白琥礼西方，以玄璜礼北方。"是为"六器"。金代出土数量极少，是金陵研究的珍贵考古实物资料。

铜玉壶春瓶

金（1115—1234 年）

口径 7.5 厘米，颈 3 厘米，腹径 16.3 厘米，底径 8.3 厘米，通高 34 厘米

哈尔滨市阿城区金上京历史博物馆藏

    撇口，细颈，削肩，硕腹，圈足。玉壶春瓶为古人盛酒器皿。宋代磁州窑常见的瓷器器形，有玉壶春瓶、梅瓶、花口瓶等。玉壶春瓶为宋瓷的创新品种。金承袭宋代，玉壶春瓶由瓷制改为铜制，其形大体袭用。金代之后的元代，玉壶春瓶亦瓷亦铜，个别器形也有变化。

酱釉酒杯

金（1115—1234 年）

高 8.5 厘米，口径 8 厘米

北京市房山区金陵遗址出土

首都博物馆藏

敛口内收，弧腹，高圈足，施酱釉，施釉不及底。

黑釉碟

金（1115—1234 年）

高 2.4 厘米，口径 13.2 厘米

北京市房山区金陵遗址出土

首都博物馆藏

敞口，弧壁，平底。施黑釉，口沿无釉。

许由巢父故事纹铜镜

金（1115—1234 年）

直径 18.2 厘米

北京市怀柔区安乐庄出土

首都博物馆藏

　　圆钮，宽素缘，高浮雕。画面为对角线构图，左上靠镜缘处及镜钮右侧靠镜缘处各饰一山峰。右下方有一角坡岸，一棵高大的柳树，枝叶繁茂，枝条高低有序，呈伞状下垂。岸边有两人对面谈话，一人坐于地上，一人牵牛站立，人物神态刻画得细腻传神。地纹饰细密的水波纹，水波浩淼，顺流而下，穿越幽谷，环绕河岸。两座山峰一左一右，一高一低，成呼应之势。描述的应是许由巢父的故事。图中坐地者为许由，站立者为巢父。其事在《庄子·逍遥游》《史记·伯夷列传》《琴操·箕山操》《艺文类聚·隐逸》《高士传》都有记载。

双龙纹铜镜

金（1115—1234 年）

直径 18.5 厘米，厚 0.8 厘米

哈尔滨市阿城区金上京历史博物馆藏

　　圆形，圆钮，素缘。镜边四周环绕卷龙纹，其内双龙盘曲，龙纹生动清晰，龙身鳞片精微逼真。

双鱼纹铜镜

金（1115—1234 年）
直径 10.2 厘米
首都博物馆藏

　　圆形，圆钮，素缘。主纹两条鱼首尾相接，侧身摆尾，作游动状。双鱼形态一致，鱼头平伸，张嘴鼓鳃，长背鳍，菱形鱼鳞，腹部圆润，鱼身较长，鱼尾向内翻折，尾鳍分叉，顶端稍圆。地纹饰较为粗疏的水波纹，波浪重叠起伏。纹饰刻画细腻，整个画面动感强烈，生动逼真。双鱼镜纹饰种类繁多，是金代铜镜中广为流行的一个品种。金代双鱼镜绝大部分是以写实的手法，描绘出鱼在自然界中真实的生活气息，表现出鱼水和谐的境界，在纹饰装饰中使用了浮雕、阴刻、平雕各种技法。女真人世居松花江流域，捕鱼是其维持生活的重要技能，鱼类与女真人生活关系十分密切。女真人对双鱼纹饰的偏爱，正是由渔猎经济进而产生的渔猎文化的反映。

长方形石砚

金（1115—1234 年）
长 13 厘米，宽 5.8 厘米
北京清河一号金墓出土
首都博物馆藏

　　砚面浅开砚池，上端作月形墨池，墨池上阴刻铭文，砚正面四周
边缘雕阴刻线，背面平滑光素。此砚石质呈青灰色，随形而作。砚轻
体薄，小巧实用，造型简朴，为金代砚式风格。

长方形石砚

金（1115—1234 年）

长 14 厘米，宽 6.5 厘米

北京清河二号金墓出土

首都博物馆藏

　　长方形，砚面浅开砚池，上端作连弧边椭圆形墨池，砚面平整光素。此砚石质细腻，呈青灰色，砚轻体薄，小巧实用，造型简朴工整。

"征行万户之印" 铜印

金（1115—1234 年）

通高 4.6 厘米，边长 6.3 厘米

哈尔滨市阿城区金上京历史博物馆藏

　　方形，印面为九叠篆书"征行万户之印"。万户，金初设置，为世袭军职，统领猛安、谋克，隶属于都统。金代以百户为谋克，千户为猛安，万户为统军。

"印造宝券库印"铜印

金（1115—1234 年）
高 4.5 厘米，边长 5 厘米，厚 1.4 厘米
首都博物馆藏

　　方形，橛钮，朱文汉字九叠篆书"印造宝券库印"。此印印台不甚规整，四边呈现未经琢磨的流铜状，印钮窄小纤细，没有背、边款识，似是仓促铸造。金代设印造钞引库经管纸币交钞的行用，至金晚期战乱不止，交钞贬值，故于贞祐三年（1215 年）将交钞改名为"贞祐宝券"，依此对应将印造钞引库改为印造宝券库，此印恰可佐证这一变化。

"女真图书"铜印

金（1115—1234 年）
高 4.5 厘米，边长 7.8 厘米
首都博物馆藏

方形，橛钮，朱文九叠篆书，印文"女真图书"似非汉字，钮顶阴刻"上"字，"图书"指图章。

女真文铜印

金（1115—1234 年）

高 3.1 厘米，边长 4.4 厘米

首都博物馆藏

　　方形，橛钮，朱文篆书，印文为女真文字，印侧有阴刻女真文款，钮顶有
"上"字。此印为稀有的女真文印章。

"合扎寿吉斡母谋克印" 铜印

金（1115—1234 年）

高 4.6 厘米、边长 6.1 厘米

首都博物馆藏

　　方形，橛钮，朱文汉字九叠篆书"合扎寿吉斡母谋克印"，背款"合扎寿吉斡母谋克印 大定二十二年九月尚书礼部造"。此印是金代兵民合一的政权机构——谋克的印鉴。谋克平时耕作，战时出征。合扎意为亲管、亲领。合扎谋克又称亲管谋克，比一般谋克地位高。寿吉斡母为地名，何地不详。大定是金世宗完颜雍的年号，大定二十二年即 1182 年。此印是研究金代军事组织制度的实物资料。

"印造钞引库印" 铜印

金（1115—1234 年）

通高 9.1 厘米，边长 5 厘米，厚 1.5 厘米

首都博物馆藏

  方形，钮系后配，朱文汉字九叠篆书"印造钞引库印"六字。印造钞引库始设于海陵王贞元二年（1154 年），为金朝管理交钞盐引之机构，库设正使一员、副使一员、判官一员，掌管印造并检验诸路交钞盐引。印造钞引库原设于中都（今北京），正隆五年（1160 年）八月奉诏起赴南京（今开封）。交钞即金代的纸币。"印造钞引库印"是研究金代纸币发行和管理机构发展变化的重要实物资料。

"澄城县交道社商酒务记"铜印

金（1115—1234 年）

高 4 厘米，边长 4.3 厘米，厚 1 厘米

首都博物馆藏

　　方形，橛钮，朱文汉字九叠篆书"澄城县交道社商酒务记"，背款"元光二年十月行宫礼部造"，边款"澄城县交道社"。金宣宗元光二年（1223 年）所铸。印文中的"社"即村庄。"商酒务"指将酒税、商税等征收机构合为一体。"记"为在地方征收酒税，管理酒务的低级官员或机构使用的官印。

金铤

金（1115—1234 年）

长 11.2 厘米，宽 7 厘米，厚 2.3 厘米，重 1833.6 克

北京市西城区月坛南街出土

首都博物馆藏

    平板状，圆首，束腰。正面一端中心略凹，为冷凝收缩所致。金铤重达 1833.6 克，属于五十两型大金铤。金代，黄金不属于流通货币。由于价值较高，广受官方和民间欢迎，具有贮藏、支付等货币部分功能。此金铤器型较大，制作精整，是研究金代黄金使用及铸造技术的重要实物资料。

银铤

金（1115—1234 年）

长 15.2 厘米，宽 8.4 厘米，厚 2 厘米，重 1955 克

北京市丰台区卢沟桥岳各庄出土

首都博物馆藏

　　两端弧形，束腰。铤面微凹，分布圈圈丝纹，中部加盖画押符号，应是金银铺等铸造或检验留下的标识。底面较平，底与侧面形成密集蜂窝。银铤重达 1955 克，属于五十两型大银锭，时值铜钱百贯（每贯为铜钱 1000 文）。金代，白银是主要交易货币之一。该银铤是研究金代北京地区白银货币铸造与使用的重要实物资料。

"大定十五年造典字号" 铜则

金（1115—1234 年）

高 5 厘米，直径 10 厘米

北京市西城区复兴门外出土

首都博物馆藏

　　鼓形，通体刻有细密的缠枝花卉纹。正面主体纹饰为牡丹花，花卉中间的双线方格内刻有铭文"大定十五年造典字号"，并点刻"尚方署"三个小字。另一面以荷花、荷叶纹为主要纹饰，中央的长方格内刻铭文"壹百两"。铭文中的大定为金世宗完颜雍年号，大定十五年即 1175 年。"则"是准则之意。《说文解字》："则，等画物也。从刀从贝。贝，古之物货也。"清代徐灏《说文解字注笺》："刀贝，古之货币也，轻重有则，故取义焉。"王筠《说文句读》："则，盖即今之天平法马也。"铜则是官府颁发的标准衡器，相当于砝码。尚方署属少府监，主造皇室所用金银器及其他器物，主官有令及丞。《金史·百官志》记载："尚方署：令，从六品。丞，从七品。掌造金银器物、亭帐、车舆、床榻、帘席、鞍辔、伞扇及装钉之事。"此则可能是尚方署为皇室主造器物时用作标准砝码测定重量的。"典字号"似按《千字文》编号。这种铜则在现存金石著录和考古发掘资料中罕见，是研究中国古代度量衡史的重要资料。

市井烟火

金中都遗址出土了大量的陶器、瓷器，
部分小型器物是根据日常生活中所使用的实用器物专门烧制的明器。
虽不精美，反映的却是八百余年前金中都城的市井烟火，
是社会生活的真实写照。
北京先农坛金墓、昌平区土沟村金墓以及其他墓葬出土器物颇为丰富，
陪葬用陶器最为常见。

备耕图（山西省屯留县李高村金墓壁画）

劳作图（山西省屯留县李高乡宋村金墓壁画）

庖厨图（山西省陵川县附城镇玉泉村金墓壁画）

货币汇兑图（山西省汾阳市东龙观村金代
家族墓地 5 号墓壁画）

杂剧图（山西省平定县城关镇西关村 1 号金
墓壁画）

陶柳斗

金（1115—1234 年）

高 4.5 厘米，口径 3 厘米（左）；高 9 厘米，口径 7 厘米（右）

北京市东城区安定门外出土

首都博物馆藏

　　泥质灰陶，敞口，鼓腹，圜底。口部捏塑一提梁，外饰压印柳编纹。柳斗是用柳条等植物茎秆编织而成，以提取盛水的生活用具。此器为陶质明器。

217

花盆式灶具

金（1115—1234 年）
高 4.5 厘米，口径 4 厘米（上）；高 4.5 厘米，口径 4 厘米（下）
北京市东城区安定门外出土
首都博物馆藏

  灰陶，整体底小口大，形似花盆。灶顶中部有孔，灶体中空。顶部有 3
个半球形支点。

方形陶火锅

金（1115—1234 年）
通高 6 厘米
北京市东城区安定门外出土
首都博物馆藏

  灰陶，方形，双耳，足部有孔。该件器物底部足上有可供加入炭火等热源的灶膛，中间部位为烹煮食物的锅体，两侧有耳方便使用。锅体中间有可向灶膛通气助燃排烟的圆筒。整体形状结构接近我们今天所见的火锅。

小陶杯

金（1115—1234 年）
高 6 厘米，口径 6 厘米
北京市西城区先农坛金墓出土
首都博物馆藏

　　泥质灰陶，敞口，斜腹，平底。

提梁小陶罐

金（1115—1234 年）
高 7.5 厘米，口径 5 厘米（左）；高 7.5 厘米，口径 5 厘米（右）
北京市西城区先农坛金墓出土
首都博物馆藏

　　泥质灰陶。敞口，鼓腹，平底。口部捏塑一提梁。用来提水的生活用具。

小陶罐

金（1115—1234 年）
高 9 厘米，口径 7 厘米
北京市东城区北新桥出土
首都博物馆藏

泥质灰陶，敛口，鼓腹，平底。中部饰弦纹。

白釉罐

金（1115—1234 年）

高 9 厘米，口径 5.5 厘米，底径 4.3 厘米（左）；高 9 厘米，口径 5.5 厘米，底径 4 厘米（右）

北京市丰台区南苑出土

北京市丰台区文物管理所藏

　　敞口，短颈，溜肩，鼓腹，腹部上鼓下收，圈足。胎体灰白，通体施白釉。施釉不到底，圈足无釉。

小陶缸

金（1115—1234 年）

高 7 厘米，口径 6 厘米（左）；高 7 厘米，口径 6 厘米（右）

北京市西城区先农坛金墓出土

首都博物馆藏

　　泥质灰陶，敞口，束颈，鼓腹，平底。

陶鼎

金（1115—1234 年）

高 7.5 厘米，口径 6 厘米

北京市门头沟区三家店出土

首都博物馆藏

　　泥质灰陶，直口，折沿，束颈，鼓腹。底附三锥形足。

小陶盘

金（1115—1234 年）

高 3.5 厘米，口径 10 厘米（上）；高 3 厘米，口径 9 厘米（下）

北京市西城区先农坛金墓出土

首都博物馆藏

泥质灰陶，敞口，折沿，斜直腹，平底。

黑釉小盘

金（1115—1234 年）

高 2 厘米，口径 9.4 厘米，底径 5 厘米

北京市丰台区青塔水科院出土

北京市丰台区文物管理所藏

敞口，浅弧腹，圈足。器内外皆施黑釉，口沿完整，造型古朴自然。

钧釉盘

金（1115—1234 年）
高 3 厘米，口径 14 厘米，底径 5.4 厘米
北京市丰台区青塔水科院出土
北京市丰台区文物管理所藏

　　直口微侈，浅弧腹，圈足。底平坦，釉色青中透紫，晶莹润泽，
垂若蜡泪，是典型的钧窑产品，具有较高的艺术水平。

小陶盆

金（1115—1234 年）
高 4 厘米，口径 5 厘米
北京市西城区先农坛金墓出土
首都博物馆藏

　　泥质灰陶。敞口，折沿，鼓腹，平底。

灰陶碗

金（1115—1234 年）
高 3.5 厘米，口径 12 厘米，底径 5 厘米
北京市丰台区青塔水科院出土
北京市丰台区文物管理所藏

　　敛口，浅腹，圈足。通体施灰釉。
无装饰纹样。

钧釉碗

金（1115—1234 年）

高 4.7 厘米，口径 8.8 厘米，底径 3.5 厘米

北京市丰台区青塔水科院出土

北京市丰台区文物管理所藏

　　口微敛，深弧腹，小圈足，端庄古雅，简约自然。器表施钧釉，口沿处釉薄
而呈淡淡的褐黄色，轮廓鲜明。

四耳鋬釜

金（1115—1234 年）

高 4.5 厘米，口径 8 厘米

北京市西城区先农坛金墓出土

首都博物馆藏

　　泥质灰陶，敛口，鼓腹，平底。腹外壁上端分置四个耳鋬。

五耳錾釜

金 (1115—1234 年)

直径 16.5 厘米，高 9 厘米

北京市房山区出土

北京市房山区文物保护所藏

    泥质灰陶，敛口，弧腹，圈底。轮制修整。口沿下饰弦纹。腹外壁上端分置五个耳錾，錾作方形。

六耳鋬釜

金（1115—1234年）

高 4.2 厘米，口径 6 厘米

首都博物馆藏

　　泥质灰陶，敛口，鼓腹，平底。腹外壁上端分置六个耳鋬。

七耳錾釜

金（1115—1234 年）

高 4 厘米，口径 7 厘米

北京市西城区先农坛金墓出土

首都博物馆藏

泥质灰陶，敛口，鼓腹，平底。腹外壁上端分置七个耳錾。

陶灯檠

金（1115—1234 年）

高 10 厘米，口径 3 厘米

北京市西城区先农坛金墓出土

首都博物馆藏

　　灯檠即灯架，是宋、辽、金时期社会各阶层广泛使用的照明用具。古人为了增加光照的范围，而提高光源放置高度，这正是灯架的作用。宋辽金墓葬中多见的"燃灯侍女"壁画中所出现的灯具也是灯檠，反映了其在金代使用之普遍和广泛。

陶灯檠

金（1115—1234 年）
高 12 厘米，口径 4.5 厘米，底径 5.2 厘米
北京市丰台区青塔水科院出土
北京市丰台区文物管理所藏

　　陶质，立柱式，中空，敛口，宽肩，收腹，宽足，平底。无明显装饰纹样。灯座呈筒状，灯柄上为圆形灯盘，用来盛放灯油，是一种常见的生活用具。考古出土的灯檠经常与瓷质灯盏成对出现。

小灯碟

金（1115—1234 年）
口径 4.9 厘米，高 2.1 厘米
北京市丰台区大葆台金代遗址出土
北京考古遗址博物馆藏

敞口，浅腹，平底。

陶鏊子

金（1115—1234 年）

高 5.8 厘米，口径 16.5 厘米

北京市昌平区土沟村金墓出土

首都博物馆藏

　　泥质灰陶，顶部平整略弧，三个扁方足向外斜出。

三足浅陶锅

金（1115—1234 年）

高 5.7 厘米，口径 17.6 厘米

北京市昌平区土沟村金墓出土

首都博物馆藏

　　泥质灰陶，敞口，折沿，斜直腹，平底，矮三足。

三足陶锅

金（1115—1234 年）

高 9.2 厘米，口径 17.2 厘米

北京市昌平区土沟村金墓出土

首都博物馆藏

　　泥质灰陶，敞口，斜直腹，平底，高三足。

五耳錾釜

金（1115—1234 年）

高 9.3 厘米，口径 10.2 厘米

北京市昌平区土沟村金墓出土

首都博物馆藏

　　泥质灰陶，敛口，深腹，上腹外鼓，下腹斜收，平底。轮制修整。口沿下有数道弦纹，腹外壁上端分置五个耳錾，錾作长方形。

三足陶釜

金（1115—1234 年）

高 11.8 厘米，口径 10.6 厘米

北京市昌平区土沟村金墓出土

首都博物馆藏

　　泥质灰陶，直口，内敛，鼓腹，腹中部平沿外展，下腹内收，平底，底附三锥形足。上腹饰弦纹。

灰陶仓

金（1115—1234 年）

通高 21.4 厘米，口径 11.2 厘米

北京市昌平区土沟村金墓出土

首都博物馆藏

　　泥质灰陶，带盖，敛口，束颈，溜肩，鼓腹，平底。素面，伞形盖，宝珠形钮。顶部凸起，盖沿上翘，盖口内敛。

陶灯碗

金（1115—1234 年）

高 4.1 厘米，口径 14 厘米（上）；高 3.5 厘米，口径 12 厘米（下）

北京市昌平区土沟村金墓出土

首都博物馆藏

　　泥质灰陶，敞口，弧腹，圜底。碗口有流，内有弦纹。

陶簸箕

金（1115—1234 年）
高 9.9 厘米，口径 13.2 厘米
北京市昌平区土沟村金墓出土
首都博物馆藏

  泥质灰陶，模制而成。编织藤条纹清晰可见。簸箕是我国古代社会生活中常用的工具，以竹篾或者柳条编成，用于簸扬谷物，清除糠秕。此器为陶质明器。

陶匜

金（1115—1234 年）
高 5.2 厘米，口径 14 厘米
北京市昌平区土沟村金墓出土
首都博物馆藏

　　泥质灰陶，敛口，弧腹，小平底。一侧有柄。

陶熨斗

金（1115—1234 年）
高 3.6 厘米，口径 15.8 厘米
北京市昌平区土沟村金墓出土
首都博物馆藏

　　泥质灰陶，敞口，折沿，直腹，平底。一侧有柄。

陶执壶

金（1115—1234 年）
高 16.1 厘米，口径 8.5 厘米
北京市昌平区土沟村金墓出土
首都博物馆藏

泥质灰陶，敞口，长颈，鼓肩，弧腹，平底。扁圆柄接于口腹处。壶正面有一短流。

陶杯

金（1115—1234 年）
高 8 厘米，口径 11.9 厘米
北京市昌平区土沟村金墓出土
首都博物馆藏

泥质灰陶。敞口，斜直腹，高足。

陶剪

金（1115—1234 年）

高 18.6 厘米，口径 4.3 厘米

北京市昌平区土沟村金墓出土

首都博物馆藏

　　泥质灰陶，手工捏制。

陶盆

金（1115—1234 年）
高 5.2 厘米，口径 13.2 厘米
北京市昌平区土沟村金墓出土
首都博物馆藏

　　泥质灰陶，直口微撇，直腹，平底。

陶盆

金（1115—1234 年）
高 6 厘米，口径 16.8 厘米（上）；高 5 厘米，口径 19.2 厘米（下）
北京市昌平区土沟村金墓出土
首都博物馆藏

　　泥质灰陶，敞口，折沿，斜直腹，平底。

八角印花陶盘

金（1115—1234 年）
直径 14 厘米，高 2.5 厘米
北京市房山区出土
北京市房山区文物保护所藏

　　器形呈八角形，口沿外折，浅腹。每角凸出棱线，口沿饰一圈乳钉纹，内底饰花草纹、方形、八角形等，画面图案清晰。

印花陶盆

金（1115—1234 年）
直径 14 厘米，高 2.5 厘米
北京市房山区出土
北京市房山区文物保护所藏

　　敞口，折沿，鼓腹，腹以下内收，平底。盆内采取模印技法印出
莲花作主题装饰，周边饰以缠枝纹。

青白釉印花卉纹碗

金（1115—1234 年）

高 5.8 厘米，口径 16.5 厘米

北京市海淀区北京大学金墓出土

首都博物馆藏

　　敞口，弧腹，圈足。通体施青白釉，内壁模印缠枝花卉纹。

白釉黑彩折枝花卉纹盘

金（1115—1234 年）

高 6 厘米，口径 28.5 厘米

北京市海淀区北京大学金墓出土

首都博物馆藏

　　敞口，弧壁，浅圈足。盘内壁及盘心施白釉，釉上施黑彩折枝牡丹纹。外壁及底足施酱彩。

白釉盘

金（1115—1234 年）

高 1.7 厘米，口径 12.8 厘米（上）；高 2.4 厘米，口径 12.5 厘米（下）

北京市海淀区北京大学金墓出土

首都博物馆藏

敛口，浅腹，圈足。内外施白釉，施釉不及底。

白釉褐花碗

金（1115—1234 年）

口径 20.5 厘米，高 7.8 厘米，足径 8 厘米

北京市丰台区大葆台金代遗址出土

北京考古遗址博物馆藏

　　敞口，深腹，圈足。灰白胎，质厚重，里外施白釉，外壁施釉不
到底，内底绘两圈褐彩弦纹，中绘燕形花纹。

围棋子

金（1115—1234 年）
直径 1.8 厘米，厚 0.5 厘米（上）；直径 1.6 厘米，厚 0.4 厘米（下）
北京市丰台区金中都万泉寺南城墙遗址出土
北京市考古研究院藏

　　瓷质，双面光素。在金中都遗址中，大量双面光素的陶质围棋子
常常和金代定窑、钧窑及磁州窑的瓷片混在一起。

骰子

金（1115—1234 年）
边长 1 厘米
北京市丰台区金中都万泉寺南城墙遗址出土
北京市考古研究院藏

　　瓷质，出土时残缺，雕琢轮廓清晰。骰子是我国古代娱乐活动中常用的道具之一，别称投子、投琼等。骰子的用途较多，既可以单独使用、在宴饮聚会上猜先行酒，也是六博、双陆等博戏的必备道具。

人物故事镜

金（1115—1234 年）
直径 11.5 厘米，高 0.8 厘米
北京市房山区出土
北京市房山区文物保护所藏

　　八出菱花形，素平缘。圆钮。钮的右侧有两株并行枝叶茂盛的大树，树后有高山，树下有堤岸，岸的两端各有二人身穿短衣、短裳，单手托物作行走交谈状。钮的左上方有二人席地而坐，中间有一方桌，上有一个方形棋具，两人正在对弈，中间后面有一人手持长担观棋。

花卉纹葵花镜

金（1115—1234 年）
直径 11.7 厘米，高 0.4 厘米
北京市房山区出土
北京市房山区文物保护所藏

　　八出葵花形，弧度自然。莲花形钮座以镜中圆钮为花心，镜缘区
分布有花蝶、莲荷等纹饰，布局匀称和谐、规则有序，神态优美动人。

泰和重宝

金（1115—1234 年）

哈尔滨市阿城区金上京历史博物馆藏

　　铜制，圆形方孔。窄缘郭，合背。钱文篆书，直读，由金代书法家党怀英所书。合背钱指一枚钱币的正背两面铸有同样钱文，看起来仿佛两枚钱的背面贴在一起。

泰和重宝

金（1115—1234 年）

外径 4.5 厘米，钱孔宽 1.16 厘米，重 18.6 克

北京市丰台区大葆台金代遗址出土

北京考古遗址博物馆藏

　　铜制，圆形方孔，窄缘郭，光背。钱文篆书，直读，由金代书法家党怀英所书。泰和重宝始铸于金章宗泰和四年（1204 年），为了减少通货膨胀下令铸造和流通的，币值有折三、折十钱等。《金史·食货三》记载："（泰和）四年，欲增铸钱，命百官议所以足铜之术。……后铸大钱一直十，篆文曰泰和重宝，与钞参行"。泰和重宝制作精美，文字秀丽，是金代钱币中的精品，反映了金代手工制造工艺的发展水平。

正隆元宝

金（1115—1234 年）

直径 2.5 厘米

北京考古遗址博物馆藏

　　铜制，圆形方孔，缘郭整肃，面文楷书，旋读。正隆元宝铸于正隆三年至六年（1158—1161 年）。版本主要分为四笔正隆和五笔正隆。即"正"字最后两笔的一竖一横是否成一笔。常见多为四笔正隆，五笔正隆较为罕见。币值有小平钱、私铸折二钱。金在建国初期，货币流通方面始终沿用辽、宋时期的旧制货币，正隆元宝是金朝最早铸造的铜钱。

大定通宝

金（1115—1234 年）
直径约 2.3 厘米
北京市丰台区大葆台金代遗址出土
北京考古遗址博物馆藏

　　铜制，圆形方孔，钱文仿瘦金体书，直读。大定通宝钱铸于大定十八至二十九年（1178—1189 年），版式主要有小平、折二。小平版除有光背外另背面有"酉"、"申"纪年。《金史·食货三》中有载："……其钱文曰"大定通宝"，字文肉好又胜正隆之制，世传其钱料微用银云。"大定通宝是金代货币中所铸时间长、铸量大的货币。

第三部分

中都环胜

中都城内有巍峨的宫殿、规整的街巷，

城外还有风景优美的离宫别苑，

金章宗时期形成的以卢沟晓月、琼岛春阴等为代表的燕京八景最为人们传颂，

如今已成为人们踏青郊游、追忆中都胜景的绝佳之地。

古代文人描绘地方景物，

习惯上都有八景、十景之名目。

《明昌遗事》所记金章宗时『燕京八景』为：

居庸叠翠、玉泉垂虹、太液秋风、琼岛春阴、蓟门飞雨、

西山晴雪、卢沟晓月、金台夕照。

明　王绂《燕京八景图卷》

卢沟桥

　　1192年，金章宗为改善与京南的陆路交通建成广利桥，又名卢沟桥。桥长266米、面宽8米，可以供十匹马并驾齐驱。卢沟桥共有十一个桥孔，为石砌连续圆拱桥，主体结构为金代风格，后经历代重修。古时，这里涧水如练，西山似黛，每当黎明斜月西沉之时，月色倒映水中，更显明媚皎洁，从而成为古代著名景点之一。

卢沟桥金代石狮

　　据调查，卢沟桥柱头上雕琢大小狮子多达 501 个，大者高近 2 米，小者仅为 20 厘米，姿态各异，栩栩如生，充分反映出金代工匠高超的雕刻艺术水平和丰富的想象力。

金中都时期兴建了很多离宫别苑，

城内有西苑、南苑、东苑、北苑和兴德宫，

都城四周有建春宫、长春宫、万宁宫、钓鱼台和西湖等。

部分历经各代修缮、扩建、重建留存至今，

成为现今北京城的名胜古迹。

元　佚名《广寒宫图轴》

北海

  1179 年，金世宗在琼华岛建太宁宫，后更名为万宁宫，将开封万岁山的艮岳太湖石运到此地，堆筑成小山，小山上是著名的广寒殿。琼华岛位于中都城东北郊，金帝在万宁宫避暑时主要驻跸在这里。琼华岛所在的北海是辽、金、元、明、清五代帝王的宫苑，也是我国保存至今历史最悠久、规模宏伟的古代园林杰作之一。

潭水院

潭水院为金章宗西山八院之一，位于北京市海淀区香山山坡，现为双清别墅。

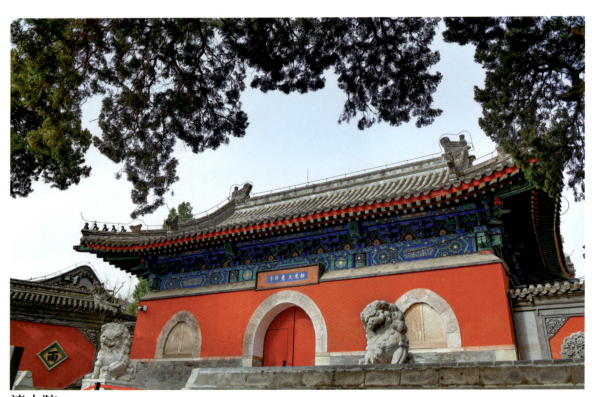

清水院

清水院始建于辽代，为金章宗西山八院之一，明宣宗时赐"大觉寺"之名，位于北京市海淀区阳台山麓。

《大金国燕京宛平县阳台山清水院长老和尚塔记》石碑

　　石碑为汉白玉石质，高 49.5 厘米，宽 72.5 厘米，厚 15.5 厘米。碑心高 43.5 厘米，宽 67 厘米。镌刻铭文 20 行，满行 34 字，总计约 594 字，字径约 1.7 厘米，正书，楷书字体。碑额题记为："大金国燕京宛平县阳台山清水院长老和尚塔记"。这篇《塔记》，主要讲述了两部分内容：第一部分是自述，希辩禅师以自叙的口吻描述了自己的生平行实，及自撰塔记的始末；第二部分是建塔之人正寂关于建塔缘由的陈述。

泉水院

　　泉水院为金章宗西山八院之一，位于北京市海淀区玉泉山山麓，现有芙蓉殿。

金代中都，兰若相望，寺塔林立，

有些寺观遗址保留至今，

如戒台寺、云居寺、银山塔林、镇岗塔等。

戒台寺

戒台寺位于门头沟马鞍山山麓，始建于唐代，金代承袭辽代皇家寺院地位。

云居寺

云居寺位于房山区西南的白带山下，隋代始刻石经，金代持续刻经六十余年，是我国北方地区久负盛名的佛教圣地。

陶迦陵频伽头像

金（1115—1234 年）

高 17 厘米，宽 12.6 厘米

北京市丰台区大葆台金代遗址出土

北京考古遗址博物馆藏

　　面部饱满丰润，头戴花冠，发髻为整齐划一的左右两分式，神态温婉恬静。

陶兽首

金（1115—1234 年）

长 10 厘米，宽 8.8 厘米

北京市丰台区大葆台金代遗址出土

北京考古遗址博物馆藏

　　陶质，兽首，为古代建筑屋脊上的装饰构件。

醋务监大公石墓幢及拓片

金（1115—1234 年）
通高 62 厘米，直径对角线长 20 厘米
北京市丰台区大葆台金代遗址出土
北京考古遗址博物馆藏

　　石质，八角直棱形。金大安三年（1211 年）立，一面篆书两行竖刻"大金故承信校尉守玉田县醋务都监大公墓"，后镌墓主之弟"武德将军守单州单父县令大邦基立石"，五面竖刻《大悲心陀罗尼》梵文经咒。墓主女真姓氏大氏；承信校尉，武散官名，金始置，正七品上；醋务，为金代所置专项贸易的收税机构；都监，应为管理使司、院务的监当官，正八品。

镇岗塔

镇岗塔位于丰台区长辛店云岗村，形制颇具特色，是我国北方地区较为少见的金代砖塔。

银山塔林

　　金天会年间，佛觉大禅师海慧在银山潜修，建大延圣寺。后又续建，成为佛寺塔群。鼎盛时期修行僧众有五百余人。金朝多位国师级高僧曾常驻银山，圆寂后在此修建灵塔。现存灵塔有 5 座是金代所建，它是我国目前保存最大最完好的金代密檐式塔群。

附录一：金陵皇帝简表

陵号	帝号	姓名	备注
光陵	景元	完颜函普	十位祖辈之陵
昭陵	德帝	完颜乌鲁	十位祖辈之陵
建陵	安帝	完颜跋海	十位祖辈之陵
辉陵	献祖	完颜绥可	十位祖辈之陵
安陵	昭祖	完颜石鲁	十位祖辈之陵
定陵	景祖	完颜乌古乃	十位祖辈之陵
永陵	世祖	完颜劾里钵	十位祖辈之陵
泰陵	肃宗	完颜颇剌淑	十位祖辈之陵
乔陵	康宗	完颜乌雅束	十位祖辈之陵
献陵	穆宗	完颜乌鲁完	十位祖辈之陵
睿陵	太祖	完颜阿骨打及其后纥石烈氏	
恭陵	太宗	完颜晟及其后唐括氏	
	德宗	完颜宗干	死后追尊
思陵	熙宗	完颜亶及其后裴满氏	
兴陵	世宗	完颜雍及其后乌林答氏	
景陵	睿宗	完颜宗辅及其后蒲察氏	死后追尊
道陵	章宗	完颜璟及其后蒲察氏	
裕陵	显宗	完颜允恭及其后徒单氏	死后追尊

附录二：金中都考古工作成果简表

时间	内容	成果
1941 年	调查辽金土城西壁及南壁遗迹	推断辽金土城分布范围，绘制了辽金土城想象图。
1943 年	测绘凤凰嘴土城遗迹	推断金代燕京城的四至，绘制了辽金土城图。
1952 年	发现金代建筑遗址及墓葬	推断金中都东城墙分布于陶然亭南北一线。陶然亭北侧发现金代建筑遗址及用于城防的礌石等遗物，东侧发现金代墓葬。
1956 年	发现城防礌石及金代钱币	白云观北侧发现很多用于城防的礌石和金代铜钱，证实了金中都北城墙的位置。
1958 年	调查金中都城墙遗址	对金中都进行了较为全面的考古调查工作，绘制了金中都复原草图。
1965—1966 年	勘探金中都城垣、宫殿、街道等遗迹	探明了金中都外郭城、皇城、宫城的范围，城门的位置，主要宫殿、街道等遗迹。
1974 年	调查金中都护城河遗迹	在潘家河沿、万泉寺、马连道、会城门等地发现疑似金中都东南西北四面护城河遗迹。
1990 年	发现金中都南城垣水关遗址	金中都水关遗址是一处南北方向、木石结构的建筑遗址。水关跨城墙而建，水流经过水涵洞由北向南穿城墙而出，流入金中都南护城河。
1990—1991 年	发现金中都宫殿区遗址	基本确认了金中都宫城南门应天门、大安门、宫城主殿大安殿等金中都宫城建筑的具体位置，证实了金中都在辽代宫殿基础上扩建的史实。
1992—1993 年	发现金中都西湖遗址	探明了金中都西湖（今莲花池）的边界，发现一座湖心岛以及进入金中都城的出水河道。
1995 年	调查金中都鱼藻池遗址	确定了早、晚两期湖泊的范围和岛屿的变动位置。湖心岛中部和西部发现夯土结构建筑基础。
2002 年	发现金陵主陵区遗址	发现了金陵主陵区金太祖睿陵等五座帝陵，以及石桥、神道、台址、殿址、排水系统等遗迹。
2005 年	调查金中都鱼藻池遗址	发现了早、晚两期湖岸变动的位置。湖岸未见人工修筑的迹象，应为自然形成。
2010 年	发现金中都兵营遗址	在金中都城内西南部发现一处兵营遗址。发现大型建筑基址、房址、水井、烧灶等遗迹，出土了铁铠甲等遗物。

时间	内容	成果
2012 年	调查金中都鱼藻池遗址	发现湖岸、岛岸十余处遗迹，发现岛上三合土建筑基础一处。发掘显示鱼藻池水域整体呈马蹄形。半岛西部与陆地相连，其余三面环水。
2014 年	发现金中都街巷道路遗迹	万泉寺附近发现的道路、房屋等遗迹位于中都城西南部。万泉寺道路为街巷一级的道路。
2019—2020 年	发现城墙马面及护城河遗迹	发现了金中都外城的城墙、马面、护城河等城墙防御体系，了解了其形制结构和营建方式。
2021 年	发现金中都开远坊遗址	遗址位于金中都城内，距离中都北城墙约七百米。发现磉墩、灶址、水井、灰坑、道路等遗迹，出土瓦片、陶瓷器残片、铜钱等遗物。
2021 年	发现金代崇孝寺塔基遗址	遗址位于金中都皇城东侧，出土石函及以丝织品为主的佛教文物一批。石函盝顶铭文表明，此遗址为金代崇孝寺塔基遗址，系大定十九年曹王永功捐建。
2022 年	发现城内房屋及道路遗址	遗址位于金中都城东部，发现房址、道路、灰坑、水井等遗迹。出土遗物见证了城内居民的生活状态。
2022 年	发现东开阳坊建筑群遗址	遗址位于金中都城东南部开阳坊内，主体建筑呈轴线分布，布局清晰。出土了玉册、龙纹瓦当、黄琉璃瓦等高等级遗物。

结　语

　　考古人发掘的成果正不断向人们揭示金中都的形制布局、文化内涵和社会百态，让后人可以领略八百年前的繁华中都。金中都的营建不仅是金代发展史上的新阶段，更是北京城市发展史上的新纪元。它是先秦蓟城发展演变的终章，也是元大都及明清都城营建的序曲，开启了北京作为都城的辉煌历程，见证了中华民族多元一体格局的形成。

后 记

　　"都城肇始——纪念北京建都 870 周年考古成果展"是新组建的北京考古遗址博物馆举办的首个重要展览。展览以考古为主线，充分展现了金中都的社会图景，让观众更加直观地感受到金中都的魅力。

　　展览的成功举办离不开北京市文物局的鼎力支持。首都博物馆、北京市考古研究院、北京市丰台区文化和旅游局、北京市房山区文化和旅游局等单位提供了丰富的展品，为展览增添了厚重的历史底蕴。远在黑龙江省哈尔滨市阿城区的金上京历史博物馆也为这次展览注入了独特的地域文化气息。正是这些单位的无私帮助与大力支持，使得这次展览成为了一次跨越地域、融合多元文化的盛宴，为观众带来了难忘的视觉体验和心灵感悟。

　　金中都，一座地理位置优越的都城，曾是金朝的政治、经济、文化中心，遗迹散落在今天的首都北京。金中都以其独特的文化面貌和历史地位，成为我国历史上不可或缺的重要篇章，它的建立标志着北京作为一国之都的开始。金中都的地面遗迹虽已没有多少，但它的魅力在岁月的洗礼下依旧熠熠生辉，依然深深地影响着后世。

　　金中都遗迹是北京重要的历史文化遗产，是研究北京历史和城市变迁的重要实物，是北京正式建都的考古实证，承载着丰富的文化内涵。金中都考古工作涉及城垣、宫殿、皇陵、坊巷等方面，经过多年的考古调查、发掘和研究工作，逐渐呈现出金中都真实的面貌。

　　经过几代考古人的筚路蓝缕、不懈努力，考古成果正不断向人们揭示着金中都的形制布局、文化内涵和社会百态，让后人可以领略八百多年前的繁华中都。城垣是金中都的重要标志，通过考古工作，基本明确了金中都外城的位置及周长。西城垣发现了马面、护城河等城墙防御体系，南城垣发现了水关等木石结构水工建筑遗址。宫城是封建王朝的权力中枢，是国家政治、礼仪活动的重要场所。考古工作基本确认了金中都宫城南门应天门、大安门、宫城主殿大安殿等金中都宫城建筑的具体位置。宫殿建筑采用中轴对称的布局方式，中轴线上的建筑体量巨大。皇陵是一处规模宏大的皇家陵寝，大金立国后多位帝王、后妃均葬于此。分为帝陵区、坤厚陵及诸王兆域三部分。皇陵主陵区进行了系统的考古工作，确认了主陵区的平面布局。金代皇陵规模宏大，具有独特的墓葬形制。坊巷划分，状如棋盘。考古调查表明，金中都原属于辽南京城范围内的街道，仍保存着唐代街坊的形式，而金代新扩展的部分，则改变为沿大街两侧平行排列街巷的形式。封闭式里坊制和开放式街巷制同时出现在其中，形成了金中都城在城市发展史上的特色，也是这一时期中国城市发展的一个重要特征。

　　金朝的崛起，犹如一抹绚丽的霞光，映照在华夏大地的群山之间，中都的建立，如同一颗璀璨的明珠，镶嵌在中华文明的长河之中。自此，北京成为了中华民族的政治、文化、经济中心，带领着这个古老的国家不断发展与繁荣。这座辉煌的都城，承载着中华民族的厚重历史，从金朝到元朝，从明朝到清朝，中华民族多元一体的格局在此过程中逐渐形成，汇聚起中华民族共同体的磅礴伟力。

　　此次展览时间紧，任务重，为了策划好展览，北京考古遗址博物馆成立了策展团队。因展览的主线为考古内容，团队成员的专业知识储备比较匮乏，可以说是从"零起点"开始策展。在策展前期，团队成员就遇到了许多困难。但是，团队成员努力克服专业上的缺陷，积极查阅历史文献、发掘报告、研究成果等资料，形成了对展览的系统性认识。团队成员付出了巨大的心血和努力，出色地完成展览任务。策展期间，团队成员的身体和心灵都受到了巨大的"摩擦"，当然这样的"摩擦"也锻炼了我们的策展团队，团队成员积累了策展经验，了解了文物的价值及其内涵，保证了展览的学术性。

此次展览培养了人才，锻炼了队伍。馆内各个部门给予了展览大力的支持，无论是展览策划、大纲编写，还是点交运输、撤展布展，或者是文物研究、海报设计、媒体宣传、新闻发布、对外联络、展览开幕、文创开发、集章打卡，抑或是安全保卫、开放讲解，以及整体保洁、设备保障，各个部门的同事承担了大量工作，为展览默默付出，让展览以最好的面貌呈现在观众面前。

此外，我们还要感谢专家团队为展览提供了宝贵的意见，感谢首都博物馆为展览提供了部分文物的文字说明，感谢北京市考古研究院为展览提供了考古发掘资料图片及说明，感谢北京大觉寺与团城管理处为展览提供了清水院图片资料。感谢北京考古遗址博物馆杨志国，首都博物馆张京虎、朴识，为展览图录拍摄了专业的文物照片。如有疏漏和不周之处，衷心希望能够得到大家的理解与包容。

这本展览图录是将"都城肇始——纪念北京建都 870 周年考古成果展"的展览内容以纸本化的形式固定下来的一种手段，图录除了对展览内容的记录之外，还将相关研究文章、文物说明文字等进行补充，使展览的内容和形式进一步深化。

此次展览从最初的筹划到最终的实施，只用了短短四个月的时间。在这四个月的时间里，从设计到布展，每一个环节都需要大量的时间和精力，可以想象这期间的辛苦。由于时间仓促，图录的编排还存在一些不足，有些不太恰当的地方，还望各位读者朋友给予批评指正，这也是我们今后需要努力改进的地方。

编者

二〇二三年六月十日

图书在版编目（CIP）数据

考古金中都：纪念北京建都870周年 / 北京考古遗址博物馆编 . —北京：北京燕山出版社，2023.10

ISBN 978-7-5402-7060-5

Ⅰ . ①考… Ⅱ . ①北… Ⅲ . ①北京—地方史 Ⅳ . ① K291

中国国家版本馆 CIP 数据核字 (2023) 第 185952 号

编者：北京考古遗址博物馆

责任编辑：张金彪

出版发行：北京燕山出版社有限公司

社址：北京市西城区椿树街道琉璃厂西街 20 号

邮编：100052

电话：010-65240430

印刷：北京富诚彩色印刷有限公司

开本：787mm×1092mm　1/16

字数：300 千字

印张：19

版次：2023 年 10 月第 1 版

印次：2023 年 10 月第 1 次印刷

定价：560.00 元